困難な現場を
生き抜く！

やんちゃな子が
いるクラスの
まとめかた

野中 信行

学陽書房

はじめに

　この本を手に取られたあなたは、今、教師の仕事の、どんなことで悩んでいるのでしょうか。

　「クラスがうまくいかないなあ！　しょっちゅうもめごとばかりで毎日が大変だ！」
　「子供たちの反応があまりなくて、手ごたえがないなあ！　どうしたらいいのだろう？」
　「あのやんちゃたちがいなかったら、このクラスは穏やかになるかもしれないのに……」
　「まだ1学期なのに、早く1年が過ぎてほしいと思ってしまう……」

　最近よく聞かれるようになった、先生たちのつぶやきです。
　いやいや、こんなつぶやきさえも、もうかき消えてしまっているのかもしれません。

　そんな先生たちから今なくなってしまいそうなもの。
　それは仕事への「手ごたえ」です。
　多くの先生たちの中からなくなってしまいそうなのは、この「手ごたえ」ではないかと心配です。
　倍加する忙しさに翻弄されて、ただ毎日が、埋草のように雑務で埋められていく。毎日の授業も、この埋草になっています。
　仕事の中で、何が大切なことで、何を簡単に済ませていいことなのか、それがわからなくなっています。
　また、このコロナ禍がさらに先生たちの教育を困難にしているのでしょう。1年間ずっと、教師も子供たちもマスクをつけて授業をして

きました。

　教師は、子供たちと「関係づくり」をするときに、**「言葉」**と**「表情」**で行います。その「言葉」は、「表情」を伴って生きてきます。

　しかし、互いがマスクのために、互いの表情がわかりません。

　教師の「言葉」が、子供たちにどのように受け止められているのかよくわかりません。子供たちも、教師の「言葉」がどんな表情で発せられているのかわかりません。

　「言葉」が教室の空間をさ迷うように、一人歩きをしているのではないでしょうか。「関係づくり」がさらに困難になっているのです。

　もともと教師の仕事は、忙しいのです。それはそうでしょう。朝から下校するまでずっと子供と関わるのですから。休み時間だって、子供の相手をしなくてはならないこともしょっちゅうあります。

　しかし、この忙しさの中で、「○○先生のクラスになって良かったなあ！」「国語の授業がおもしろくなった！」「算数のテストで100点とれるようになった！」と、子供たちが訴えかけてくれます。

**　どんなに忙しくても、このような「手ごたえ」が、やはり教師を支えてくれています。**

　だからこそ、私は、ぜひとも先生たちに仕事への「手ごたえ」を回復してほしいという願いで、本書を書きました。

　本書では、子供たちとの「関係づくり」をどのように構築するのか、やんちゃな子供をどのように包み込んでクラスをつくっていくのか、そしてそのやんちゃな子供を包み込んで「全員参加」の日常授業をどのようにつくっていくのかを中心に提案しています。

　「まだまだやれますよ！」「まだまだがんばれますよ！」と、そういう願いを込めて、先生たちにエールを送りたいと思います。

野中　信行

もくじ

第1章 やんちゃな子供を学級に包み込む!

第2章 教師と子供の関係は「言葉かけ」でつくる

第5章 「日常授業」を改善する

第1章

やんちゃな子供を
学級に包み込む！

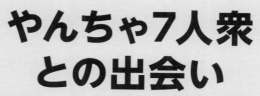

やんちゃ7人衆 との出会い
～大変な4年生クラスでの実践～

大変な事態になっていたクラス！

　始業式から2日目のことでした。

　H小学校へ異動して、4年生の担任をすることになりました。

　職員の朝の会が終わって、子供たちが待っている教室へ向かいました。子供たちは机に座って、先生がやってくるのを静かに待ち望んでいるはずです。「さあ、最初の呼びかけはどうしようかな？」と考えながら、別の棟にある教室へ向かいました。

　教室へ入ると、そこは大変な事態になっていました。

　うろうろしている子供たち。後ろでけんかしている子供たち。おしゃべりに夢中で、私が入ってきたのに気づかない子供たち……。

　何が起こっているのかわからなくて、しばし茫然となりました。

　それからが大変でした。すべての活動に時間がかかるのです。

　とんでもないクラスを担任したのだと思いました。

1組にやんちゃたちを集めていた！

　午前中を何とか終わらせ、急いで子供たちを帰らせました。とにかく、4時間を何とか持たせるのにエネルギーを使い果たし、がっくり

と疲れました。一体どういう子供たちなのだろうと、前年度の３年生を受け持っていた先生に聞きに行きました。

「やっぱり、そうだったのね。私たちは反対したのよ」
「どういうことなのでしょうか？」
「４クラスのやんちゃたちを１組に集めて、お互いに牽制させようという主任の先生の提案で、そういうクラス編成をしてしまったのですよ。だから、ひどいやんちゃたちがいっぱいいるでしょう？」

　それからよくよく情報収集をすると、私がこの学校へ異動してくるということを聞きつけ、４年生の１組の担任だという情報を得て、そこにやんちゃたちを集めてしまえという試みだったわけです。
　ひどいことをするわけです。
　しかし、もはやどうするわけにもいきません。

やんちゃ7人衆の中でも、超超やんちゃなＡ君

　３年生のときは、とにかく子供たちが荒れていたということでした。私のクラスに、それぞれのクラスのやんちゃたちが集まってきているのです。
　とくに超やんちゃな子は７人。「やんちゃ７人衆」と名付けていました。その中に、超超やんちゃなＡ君がいました。学校中で有名なやんちゃ君です。
　最初の日から、低学年の先生から「うちのクラスの子が殴られました」という苦情が寄せられていました。それが毎日続くのです。
　困り果てました。少々の叱りでは、どうにもなりません。彼らは叱られ慣れているので、効き目はまったくありません。
　ただ、叱られる場面では、しおらしくするのです。
　これでは、だめだと覚悟を決めました。普通のやり方ではどうにも

なりません。

ある秘策を実行する！

　その日もＡ君のことで、低学年の先生から苦情が入っていました。呼んでとにかく叱ろうとしましたが、それでは同じことの繰り返しになってしまいます。そこで秘策を思いつきました。

　叱ることをやめて、Ａ君にどうして低学年を殴ったのか事情を聞き、とにかく低学年を殴ったことは悪いとわからせました。

　中休み時間に、「あやまりにいこう！」とＡ君の手を引いて、その低学年のクラスへ行きました。ここからが秘策です。

　Ａ君が殴った子が教室から出てきたら、私は、廊下にぺたりと土下座しました。ぽかんとして立っているＡ君に「ほら、Ａ君も座りなさい！」と促して、「殴ったりして、ごめんなさい。もうそんなことはしないので許してください！」と一緒にあやまったのです。

２人で、土下座してあやまる。

　その光景は異様だったのでしょう。廊下には、たくさんの子供たちが集まってきました。たったそれだけのことをしただけで、ほかにＡ君を叱ることはしませんでした。

　その次の日にも、またＡ君が、低学年を殴ることが続きました。

　同じように、その教室へ行き、正座してあやまることを続けました。

　３回目にこれをやったら、Ａ君は、ぴたりと低学年いじめをやめてしまいました。正座という異様なやり方がつらかったのか、あるいは「野中先生にいつまでもこんなことをさせてはいけない」と思ったのか、それはわかりません。

　しかし、それ以来、Ａ君は、すっかり変わっていって、教室でもちゃんと座って学習を始めるようになりました。心の通じ合いが、このことで始まったのでしょうか。

教師人生で最高におもしろいクラスだった！

そのクラスでは、最初、まともな学習も活動も成り立ちませんでした。まず、教師の話が聞けません。そして、指示を出しても、そのとおりには子供たちは動きません。基本的なことができないのです。

この子供たちを受け持ったことで、初めて **「話を聞かせる方法」「指示を出す方法」** について学んだことになります。また、教室でのルールづくりとして **「目標達成法」** を考え出しました。

7人衆は、それぞれに特徴を持っていました。

学年で一番足が速いB君、学年で一番力が強いC君、10分作文で原稿用紙一枚を一気に書き上げるD君、すばしっこい動きが得意なE君……、そうそうたるメンバーです。

体育の授業の最初は、かけっこの練習。B君を目立たせ、そのすごさをほめたたえました。腕相撲大会をやり、C君のすごさを際立たせ、ほめたたえました。毎日の朝自習は、10分間作文です。朝起きてから、学校へ来るまでのことを書くのです。ここでは、D君が目立ちました。ほめたたえました。口先だけでほめません。ちゃんとクラスで活躍した事実をつくってから、ほめるようにしました。

このように一人ひとりをそれぞれの場面でほめたたえました。

彼らは、叱られ慣れていましたが、ほめられ慣れていませんでした。
だから、これは効きました。一気に私との関係がつながりました。

彼ら7人衆は、そのうちにサッカーに興じることを覚え、毎日のようにサッカーをして帰るようになりました。5年生に試合を申し込み、ほとんど勝つようになったのです。そうした姿をほめて、ほめて、ほめまくりました。

37年間の教師生活で、これほどおもしろいと感じたクラスはほかにはありませんでした。超超やんちゃなA君は、5年、6年と順調に過ごし、中学校では陸上部のキャプテンをするなど活躍したと聞きました。

2 やんちゃC君（LD児）を包み込む実践

荒れている原因は何だろうか？

　私は、O小学校に異動して5年生を受け持ちました。前年度の4年生では、1クラスが学級崩壊になり、その中心メンバーが私のクラスにいました。

　C君は、前年度の学級崩壊の中心人物だと報告を受けていました。教室を飛び出していくことを繰り返していたそうです。

　C君は、1日目から目立っていて、ぺらぺらおしゃべりをし、私の話の言葉尻をとらえて、周りを笑わせていました。学習障害（LD）ということで、他校の支援教室に通っていました。

　私は、さてさてどう対応すべきかと迷っていました。とにかく様子を見る以外に方法はない。最初から叱っていくことだけはできるだけ避けよう、よほどのことでない限り叱るのを避けようと思っていました。このように荒れている子供は、注意深く見てみると、その原因が隠れているものです。

荒れている原因は何だろうか？

　このC君はさておいて、その間に必死になって「学級づくり」をしました。とにかく、周りの子供たちを軌道に乗せなくてはなりません。

荒れている原因を探り出す!

　授業が始まりました。最初の授業は、ノートの点検です。５年生に
なってきちんとノートをつくっているかどうか点検を行います。全教
科のノートを持ってくるように伝えておきました。一人ひとり調べて
いきました。

　ところが、Ｃ君だけは、前年度の４年生のノートを持ってきていま
す。買い忘れたのでしょう。

　そのノートを開くと、びっしりとマンガが描かれています。どのノー
トもどのノートも、ノート全面にマンガばかり。びっくりするばかり
で、普通なら叱り飛ばすところです。

　しかし、そのノートを見ながら、ぱっとひらめきました。

ああっ、この子は勉強したがっているんだ!

　このひらめきは今までの教師経験からという以外にありません。

　４年生になって、今年こそ勉強しようと思い臨んでノートを開き、
先生の話を聞こうとしても、さっぱり話がわからない。早口でずっと
おしゃべりばかりをしている先生。

　つまらなくてノートに得意なマンガを描く以外になかったのです。
そのうちに飽きて、教室を飛び出すようになりました。そんなことを
想像してみました。

Ｃ君への対応が始まる!

　その日から、Ｃ君に対して特別な対応をすることにしました。

　私が話したことでＣ君の反応が思わしくなければ、もう一度話し、
Ｃ君の席に行き、丁寧に一緒に作業をすることにしました。

　発達障害の子供たちは話したことについて何度も聞き返すことがあ
ります。一時に一事しか頭に入らないことが多いのです。絶対に「今

言ったばかりでしょう！」「ちゃんと聞きなさい」と言ってはいけません。繰り返して話してあげればいいだけです。

　このことが功を奏したのでしょう。C君は、次のような変化を見せ始めました。

席に着いて勉強するようになったのです！

　「やはり勉強したがっていたんだ！」「それができないから荒れていたんだ！」ということがわかったのです。

百人一首でクラストップになる！

　C君の学習障害は、作文が苦手というところに表れていました。からっきし作文ができませんでしたので、無理にやらせませんでした。

　ところが、百人一首を始めたところで彼は変わっていきました。

　五色百人一首を使いました。1回5分程度で終わります。国語授業の最初に行いました。C君はがぜん燃えました。あっという間にトップレベルで競い合っているのです。

　「先生、今日も百人一首やってください！」と頼みにくるほどでした。

　ある日、「先生、それどうすれば買うことができますか？」と聞きにきました。自分で買って家で覚えたいというわけです。

記憶力は抜群でした！

　クラスの中で、友だちからも「Cってすごいよなあ。百人一首すらすら覚えているぞ！」と賞賛の声が聞こえてきます。本人も得意なのです。

　もう従来のC君の姿はありません。苦手にしていたかけ算九九も一気に覚えてしまい、学習の遅れを短期間に取り戻していきました。

やんちゃな子へ向けての戦略

　私は何をしたのでしょうか。実は、やんちゃな子をクラスに包み込んでいく戦略を持っていたわけです。

> **最初に、Ｃ君との「つながり感」を求めました。**

　丁寧に対応を取ったことです。
　また、うまくいったのは、ハガキに書くことを実践し、７月までに３通のハガキを出したからです。保護者にもうまく伝わったのだと思います。
　そして、百人一首でクラスにおける「所属感」を感じられるようにしました。この効果は絶大なものでした。
　その後、Ｃ君は６年生を過ごし（私は１年間だけの担任でした）、中学、高校と順調に進んでいったと聞いていました。
　ある日、ばったりと電車内で高校３年生になったＣ君と会いました。これからどうするのかという私の問いかけに、「大学へ行きたいと思っています！」と答えました。とてもうれしく思いました。
　あの５年生のとき、私がきっかけをつくらなければ、果たしてここまでこれたのだろうか、と。教師の任は、それだけ重いのかもしれないのです。

包み込み法

意欲
勉強を
頑張ろう

所属感
みんなに認められている

つながり感
先生はわかってくれる
先生は守ってくれる

3 やんちゃB君を包み込む実践

トイレ事件で「つながり感」を持つ

　B君は、始業式にいませんでした。

　雨の日で、教室での学級指導になりました。出席をとると、B君はいません。「どうしたのかな？」と思っているところへ、級外の先生に連れられて、教室へ入ってきました。遅刻したのです。

　B君は、憮然とした表情で、持っていたコートを机に投げ捨てて音を立てて座りました。それが5年生になったB君との出会い。

　給食が始まった日に事件は起こりました。

　給食を給食当番と一緒に取りに行って、教室へ帰ってくると、B君がいません。「どうしたの？」と一緒の班の女の子たちに聞くと、「言い合いになって、怒って教室を出て行きました！」と。

　それからが大変です。まず、靴箱で下履きがあることを確認して、学校のどこかにいることがわかりました。

　しかし、どんなに探し回っても、どこにもいません。あきらめて教室へ戻ろうとして、教室の隣のトイレを見ると、1つだけ閉まっているところがあるのです。

　「ここだ！」と思って、呼びかけました。「B君、そこにいるんだね。話を聞くから出てきなさい」と。押し問答の末、やっと出てきたB君。

とりあえず、給食を食べさせて話を聞きました。話を聞き終えて、伝えました。「Ｂ君の気持ちはよくわかるよ。女の子たちと話し合いをしなければいけないね」というところで話は終わりました。

　その日は午後から出張でしたので、あわてて準備をして教室をあとにしました。

　次の日も、給食を取りに行ったあと、Ｂ君は教室にいませんでした。また、女の子たちと言い合いになり、飛び出ていったというのです。もう行った先はわかっていました。

　すばしっこい男の子を一緒に連れて行って、Ｂ君を説得します。

　説得しながら、男の子に隣のトイレからよじ登って内鍵を開けろと動作で指示をしました。意味を理解した男の子は、すばやくトイレをよじ登って、すぐに内鍵を開けました。

　また、じっくりとＢ君の話を聞いて、この日は女の子たちを交えて話し合いました。そして、ケンカ両成敗の形で収めていきました。

　次の日からは、もう二度とそんな事件は起きませんでした。

　Ｂ君に対しては決して叱ることはしませんでした。ただ、何回も何回も伝えました。

気持ちはよくわかるよ！

　まず、Ｂ君との「つながり感」を持たなければならないのですから。

Ｂ君の２つの長所で「所属感」を生み出す！

　その日からＢ君の様子をじっくり見守って、彼の良さを探しました。

　２つ特徴的なことがありました。

　１つ目は、私に対してきちんと敬語（丁寧語）で話せること。

　２つ目は、音読がすばらしいこと。

　これは、使えると思いました。

　高学年を受け持ったら、まず敬語指導をします。

教師に対しては、「ため口」ではなく、必ず敬語（丁寧語）で話すように指導するわけです。これで、教師と子供の関係を上下にする「縦糸」張りを行います。

　国語の時間には、実際に敬語の練習をさせなくてはなりません。そのときの模範をＢ君にさせたのです。これがなかなか上手で、みごとな模範演技になりました。Ｂ君をほめたたえました。

　そして、また国語の時間。一人ひとり教科書で音読をさせていきます。Ｂ君の音読はほかの子供と違って格段にすばらしいのです。Ｂ君だけは一文音読だけでなく、まとまりの段落を模範で読ませます。

　みんなもびっくりしています。Ｂ君がこんなに音読が上手だったなんて知らなかったのでしょう。ここでもＢ君をほめたたえました。

　Ｂ君の、自分勝手に動き回るやんちゃさはすっかり影をひそめて、落ち着いた行動をとるようになりました。ここでダメ押しです。

　１か月を過ぎたところで、Ｂ君へむけてハガキを書きました。やんちゃを包み込む**「ハガキ作戦」**です。

　Ｂ君こんにちは。話す時間がなかったので、ハガキを出すことにしました。

　最近のＢ君は、すごく変わりましたね。

　１か月で、こんなに変われるなんて、思っていませんでした。私もうれしくて、うれしくて、ハガキを書きました。

　Ｂ君がとても良いところは、言葉づかいと本を読むところです。きちんと先生に話す話し方ができているのにびっくりしました。そして、最高なのは、音読のうまさです。みんなにも、「うまいね」とほめられていますね。

　これからも、良いところをどんどん伸ばしてほしいです。

　クラスのためにも、がんばってくださいよ。私は、Ｂ君の担任になって、とてもうれしく思っています。がんばりましょうね。

こんなハガキをB君には7月までに3通出しました。今までハガキを送った子供は、「先生、ハガキありがとうございました」と言うことは一度もありませんでしたが、行動を変容させるということでお礼を言うことになります。

　B君は、それから人が変わったように振る舞いだしました。

「包み込み法」の大切なポイント

　大切なので、「やんちゃな子」を包み込む**「包み込み法」**を示しておきましょう。シンプルなものです。

　B君の包み込みは、最初どこでつながるかを求めたのです。

　トイレ事件がまさにそれでした。叱りつけることをせず、じっくりと話を聞き、「気持ちはわかるよ！」と何度も伝えました。

> **大切なのは、「所属感」です。**

　得てして、やんちゃな子というのは、クラスのみんなから避けられています。嫌われていることさえもあるのです。だからこそ、やんちゃな子は、余計に目立とうとするところが出てきます。

　しかし、ここでは、話し方と音読の2つで模範を示し、みんなに認められることを意図的に仕組みました。まんまと功を奏しました。

　ほんとうは、やんちゃな子は、クラスの中に溶け込んでいたいわけです。

　このハガキ作戦は、とくに必要だと思われる超やんちゃな子には、何度も使いましたが、ほかの子供たちにも1年に1回は必ずハガキを届けるようにしました。

4 高学年 女子の指導
～トラブル解決の鉄則5ヶ条～

高学年担任の最大のハードルは高学年女子！

　やんちゃと言えば、男子をイメージしますが、高学年女子も充分に「やんちゃ」なのです。

　だから高学年女子への対応は、高学年担任の最大の難所です。

　とくに、男性の先生たちにとっては、大きなハードルになります。

　高学年女子の場合、もうすでに思春期を迎えている子供が多いのです。一人前のレディーとして遇しなければ、ものすごい反発を招き、学級が動かなくなります。

　気をつけなければいけないことは、みんなの前で「ほめること」を安易にしてはいけないことです。本人も嫌がることが多いのです。それは、ほかの女子たちからの嫉妬がこわいからです。いじめの対象になる場合も出てきます。

　だから、包み込み法は安易には使えません。

　それでいて、彼女たちをほめたり、認めたりしなくていいというわけにもいかないのです。ここがむずかしい。

一人ぼっちの女子がいないかチェック

　女子たちは、グループをつくります。３、４人のグループ、または「２人ぼっち」ということも多いのです。

　このグループをつくらせないという学級経営をする先生もいますが、それには無理があります。彼女たちの自然な行為ですから。そんなことをやると、陰でこそこそやり始めます。かえって逆効果です。

　問題は、このグループから外されたり、グループ同士の争いになったりすることがしばしばあることです。

　これを放置しておくと、学級そのものがおかしくなっていく恐れがあります。私は、高学年の担任になったら、必ず女子たちが、どんなグループになっているのかを毎回チェックしていました。

　チェックのポイントは、次のこと。

一人ぽつんとしている女子はいないか？

　こんな子供が出てきたら、何かあると思わなくてはなりません。
急いで対応をとることになります。

トラブル解決の鉄則５ヶ条

　女子グループの中でトラブルが起こっていると判断したら、すぐに行動を起こすことが大切です。躊躇したら、それだけ問題が深くなります。女子グループの問題だけは、どんな些細なことでもすぐに対応すべきものだと、私は決めています。

　その対応には、「**トラブル解決の鉄則５ヶ条**」という方法があります。これは、**伝え方の「構成」と「言葉」選び**を考えて、試行錯誤を繰り返して設定したものです（くわしくは、第２章８を参照）。

　この鉄則は、女子のトラブルだけでなく、クラスの大きなトラブルにも適用するものです。

①トラブルの関係者を別々に呼ぶこと。

得てして、トラブルの両者を呼ぶことがあります。しかし、それでは子供同士で口裏を合わせたり、強者が言い張って弱者を黙らせたりしてしまう可能性があります。それを避けるためには、関係者を別々に呼ばなくてはなりません。

女子のトラブルでは、まず外されている1人を呼びます。

②最初に「正直に話すこと」を伝えよ。

最初が肝心です。女子グループの問題では、その一人ぼっちになった女子に、伝えます。

「あなたのことが心配で呼びました。何か起こっているのではないですか。正直に話してください。先生は、絶対にあなたの味方をします」と。

ほかのトラブルのときには、「最初うそをつくと、次から次へとうそをつかなくてはならず、大変です。やったことはやったと正直に言ったほうが絶対に良いです。先生は、あなたが正直に言ってくれることを信じています」と。

③理由ではなく、状況に注目して聞き取る。

子供から状況を聞き取っているとき、「どうしてそんなことをしたの？」と理由だけに注目して聞き出すことが多くなる場合があります。それには注意します。

大切なのは、いつ、どこで、誰と誰がどのような理由でトラブルを起こしたのか、状況をくわしく聞き取ることです。

④同情を示すこと。

一方的に片方が悪い場合も、きちんと話を聞き、きちんと同情を示すことが必要です。「あなたが、そこで怒ったことはよくわかります」と理解と同情を示す必要があります。その同情で、先生は自分のこと

をわかってくれているんだと子供は信頼を寄せてくるのです。

女子の場合は、「あなたのことが、よくわかります」「先生は、あなたの味方です」と伝えることです。

⑤ケンカ両成敗で決着。

最後に、これからのことを決めます。

「これから、あなたとほかの女の子たちともずっと同じクラスで過ごしていかなければならないね。このままではだめでしょう？」

「先生が間に入って、この問題は解決しますから、大丈夫だよ」

「そこでね、今回のことであなたがこれは自分でも悪かったと思うことはないの？」

「そこでは、あなたもあの女の子たちにあやまることはできるね」

たとえ一方的に片方が悪い場合でも、今後のためにケンカ両成敗にしておいたほうがいいのです。一方が悪いと決着をつけると、教師のいないところで、また弱者いじめを始める恐れが出てくるからです。

トラブルをマイナスにしないこと！

この鉄則は、①～⑤の順番で伝えることが大切です。子供たちとの「関係づくり」は、言葉の伝え方が重要になります。

トラブルは必ず起こります。心得ておかなくてはならないのは、トラブルは子供たちの成長にとって決してマイナスにはならないことです。大切なのは、その最後の解決の方法を子供たちに託し、見守ることなのです。そこから子供たちは多くのことを学んでいきます。

この鉄則で、さまざまな女子グループの問題を解決していきました。そのうわさを聞きつけて、隣のクラスの女子たちから「先生、私たちの相談に乗ってください」と言ってくるようにもなりました。

卒業してから、「あのとき野中先生が相談に乗ってくれたからほんとに助かった！」と言ってくれる卒業生もいました。

5 「包み込み法」の 具体的な手順

まず子供をよく観察する！

　なぜ、そのやんちゃな子供がこんなに荒れているのか、そこにはさまざまな原因が隠れています。それを見つけ出すのが最初の大きなハードルになります。

　①発達障害、愛着障害など　②友だちとの関係（友だちから避けられている）　③学習の遅れ　④家庭的な問題　など。

　まず、指導要録や前担任に話を聞くなどをしなければなりません。

大切なのは、叱ることを抑えること。

　そのやんちゃな子供は、問題行動を起こしますから、ついつい叱ってしまうことになります。そこを抑えることです。子供を注意する程度にしておくことです。

子供との「つながり」をつくる

　その子供の荒れている原因がわかれば、そこに寄り添っていきます。たとえば、次のような対応です。

①じっくりと話を聞く。

②頻繁に声をかけ、ほめることを多くする。

③一緒に作業をしたり、遊んだりする。

> **何よりも「自分の味方をしてくれるんだ！」と思わせる。**

やんちゃな子供は、「この先生は自分の敵か味方か？」という判断をしがちです。だから、「味方だよ」というメッセージを送るわけです。

クラスにおける「所属感」を育てる

第2のハードルが、その子にいかにこのクラスの一員だという「所属感」を持たせるかになります。みんなから認められているという満足感は、とても大切なものなのです。その所属感を持たせるには、次のことが必要になります。

> **その子の特技や良さ、目立つところをマークする。**

その特技や良さをみんなの前でほめたり、披露させたりすることです。これを教師が意図的にやります。みんなから「すごいね～」「うまいね～」と言われるような状況をつくり出します。

「つながり」を強固にする！

つながり感、所属感が出てきたら、きちんと席に着いて学習をしようという姿勢が生まれてきます。そこでダメ押しをします。

私は、ハガキ作戦と言って、ハガキをその子に送るようにしました。だいたい7月までに3通は送るのです。もらった子供は、家でほめてもらえるので、さらに担任とのつながりが強固になっていきます。

学級変貌論ノート①
非常事態が起こっている(1)

❗ 小学校の暴力行為が増えている！

　ほんとうならば、非常事態を発しなければならない状況です。

　文科省が、「児童生徒の問題行動・不登校等生徒指導上の諸課題に関する調査結果（令和元年度）」を発表しました。

〈参考１〉学校の管理下・管理下以外における暴力行為発生件数の推移

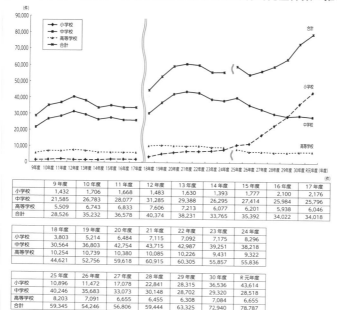

	9 年度	10 年度	11 年度	12 年度	13 年度	14 年度	15 年度	16 年度	17 年度
小学校	1,432	1,706	1,668	1,483	1,630	1,393	1,777	2,100	2,176
中学校	21,585	26,783	28,077	31,285	29,388	26,295	27,414	25,984	25,796
高等学校	5,509	6,743	6,833	7,606	7,213	6,077	6,201	5,938	6,046
合計	28,526	35,232	36,578	40,374	38,231	33,765	35,392	34,022	34,018

	18 年度	19 年度	20 年度	21 年度	22 年度	23 年度	24 年度
小学校	3,803	5,214	6,484	7,115	7,092	7,175	8,296
中学校	30,564	36,803	42,754	43,715	42,987	39,251	38,218
高等学校	10,254	10,739	10,380	10,085	10,226	9,431	9,322
合計	44,621	52,756	59,618	60,915	60,305	55,857	55,836

	25 年度	26 年度	27 年度	28 年度	29 年度	30 年度	R 元年度
小学校	10,896	11,472	17,078	22,841	28,315	36,536	43,614
中学校	40,246	35,683	33,073	30,148	28,702	29,320	28,518
高等学校	8,203	7,091	6,655	6,455	6,308	7,084	6,655
合計	59,345	54,246	56,806	59,444	63,325	72,940	78,787

出典：文部科学省「児童生徒の問題行動・不登校等生徒指導上の諸課題に関する調査結果（令和元年度）」

この調査はコロナ禍以前の状態です。

今までずっとこの調査に注目してきました。注目するのは、次のこと。

小学校は、平成25年度より右肩上がりで暴力行為が増えている。

小中高を合わせた全体でも、確かに平成25年度より上がっています。

その要因は、小学校です。この7年間ずんずん上がっています。中学校は、むしろ下がっています。高校は、ほとんどそのままで推移しています。

どこで起こっているのでしょうか。これも統計に示されています。

暴力行為の発生件数（1000人当たり）の上位ワースト5は次のようになっています。

第1位……沖縄県12.7件　　第2位……岐阜県12.6件

第3位……神奈川県12.2件　　第4位……青森県11.6件

第5位……高知県10.9件

この暴力行為は、都市部の現象ではないということがわかります。都市部だけでなく、地方も学校が荒れ始めているということでしょう。

それでは、都市部が落ち着いてきているのかというとそうはいきません。指定都市の状況も、統計資料によって明らかにされています。

こちらも1000人当たりの発生件数です。

第1位……新潟市20.4件　　第2位……横浜市19.6件

第3位……仙台市17.5件　　第4位……相模原市15.1件

第5位……広島市12.1件

これらからわかることは、都市部も地方も、小学校は暴力行為が増えているということです。

第 **2** 章

教師と子供の関係は「言葉かけ」でつくる

1 やんちゃな子供との関係をつくる「言葉かけ」

指示を聞かない子供への対応

親しい知り合いの先生（7年目の先生）から、最近次のようなことがあったと報告がありました。

5年生のあるクラス（荒れているクラス）に自習監督に行ったときのこと。

①「テストの机の形にします」

②「机の上が筆記用具だけになった列から配ります」と教師が指示を出す。

　→5、6人の反発児が指示に反応しないので、テストを配らない。

　→しかし、周りの子の声かけで、しぶしぶ直す（1人以外）。

　→1人だけやめず、黙って折り紙を折り続ける。

さて、こんなときに、どのような対処をすればよいでしょうか？

ほとんどの先生が、その1人を叱りつける対応をとるのではないでしょうか。

この先生は、次のように全体に指示を出したということです。

③「テストを始めてください。終わったら、テストを机にいったん

しまって、読書をしてください」

　指示の鉄則は、**「みんなが先、個々は後」** です。だから、ここで、みんなに指示を出しているのは、鉄則どおりです。
　それから折り紙を折り続ける子供のところへ行っています。

④折り紙を折り続ける子供のところへ行って、「テストやりますよ」と声をかける。
　　→いやだ、と子供は反発する。
　　→でも、ほかの子のために、机だけはテストの形にします。
　　→いやだ、めんどくさい。
　　→**そうですか。**……（周りの子に）○○さんだけテストの形にしてないけど、カンニングではないから、許してあげてな。
　　→その子のもとを離れる。

⑤すると、その子は机を自らテストの形にしたので、再度、テストを渡しに行く。
　　→無事、テストが実施できた。

子供に主導権を与えない

　叱りつけることをまったくやっていません。これは見事です。
　そして、テストをすぐに渡していないところも、見事。
　折り紙を折り続ける子供に主導権を与えていないのです。
　その子が折れて、机をテストの形にしていくわけですから。
　厳然と縦糸を張っています。しかし、それ以上、踏み込んでいません。
　その先生は、次のように書いています。
「かつて私は、②から③にあっさり移行できませんでした。

全体のテスト実施を遅らせて、折り紙を折り続ける子供一人をしつこく指導したでしょう。そして、その子はここぞとばかりに反抗したでしょう。（愛着障害の傾向のある女の子です。その場で執着しているモノと切り離すのは、とても難しいし、私への反発自体が注目行動ととらえることもできそうです）」

　そうなのです。
　多くの先生たちは、②から③にあっさり移行できないのです。
　ここを乗り越えることが、大きなハードルになります。
　もう１つ、大切なところがあります。
　全体に指示を出してから、テストの机の形にしないその子のところへ行っています。
　そこで、どのような「言葉」をかけるのかが大事なのです。

　①まず、その子に声をかけている。
　「テストやりますよ」という声かけが「どうしたの？」という問いかけになります。

　②「いやだ、めんどくさい」という答えに、「そうですか」と応えています。テストの形にはしたくないという事実の認定です。

　③そして、周りの子にその子について説明しています。
　「（周りの子に）○○さんだけテストの形にしてないけど、カンニングではないから、許してあげてな」と。

　②のところでは、普通「めんどくせえ〜」「うるせえ〜」「きえろ」「死ねえ〜」などの言葉が、子供から発せられます。
　それに対してカッとなり「そんなことを先生に言うべきではないだろう！」と言い返すと、その子供の土俵に乗っていくことになります。

ますます教師と子供の関係は険悪になっていくわけです。これは避けなければなりません。

やんちゃな子供にどう「言葉かけ」をするか?

　学級崩壊をしていく先生たちは、クラスにいる超やんちゃな子供たちに関わっていきます。それをきっかけとしてクラスが壊れていきます（→第4章で書いています）。

　それでも、そのやんちゃな子供たちと関わらないというわけにはいきません。問題は、どう関わるかということなのです。

　これが「関係づくり」の大きな課題になります。

　上に挙げた先生は、そのヒントを与えてくれています。もう一度まとめます。

---

①常に**「みんなが先、個々は後」**を考えて指導する。

②問題の、そのやんちゃな子供への最初の「言葉かけ」は**「どうしたの?」**と尋ねること。

③反発の言葉が返ってきたら、**「そうですか」**と受け入れること。

　問題行動をやっているやんちゃな子供への最初の問いかけは、**「ど」**のつく言葉から始めます。**「どうしたの」「どうですか」「どれどれ」「どうぞ」**などになります。導入段階での言葉です。

　子供から反発の言葉が返ってきたら、**「そ」**がつく言葉がいいのです。**「そうですか」「そうなの」「そうなんだ」「そうか」「そうだよね」**など。

　この「そ」のつく言葉は、相手の心を傷つけません。事実を認める言葉だからです（＊註）。

＊註：この言葉づかいは「響く言葉のスキル」として『満足脳にしてあげればだれもが育つ！』（平山諭著、ほおずき書籍）から学びました。

2 「叱り言葉」だけで 関係をつくっては いけない

叱ってばかりいると、学級崩壊になる!?

ブログで呼びかけて、学級崩壊の事例を集めたことがありました。
その事例には、共通の傾向があることに気づきました。

しょっちゅう叱っている。

結果として、こうなっている事例が多いのでしょうが、おそらく当事者の先生たちは気づいていないのでしょう。

「関係づくり」は、ほとんど**「言葉」**と**「表情」**しかありません。

この言葉が、「叱り言葉」だけで、また、苦虫を潰したような「表情」を伴っていては、「関係づくり」は崩壊してしまうのです。

多くのベテランの先生たち（しかも力量のある先生たち）が、学級崩壊に陥っているのは、こうした「関係づくり」なのです。

このコロナ禍の中で、さらに問題なのは、「表情」が使えないことです。マスクで顔を覆ってしまっています。「言葉」は、「表情」を伴って機能していくものなので、先生たちは大きなハンディを背負っていることになります。

おそらく、学級崩壊が倍加しているのではないかと予測します。

ほめる「事実」をつくり、ほめてばかりいる！

　学級崩壊になっている先生は、「叱ってばかりいる」と書きました。実は、これはやっかいなことです。「自分は叱ってばかりいるから改めよう！」となるかというとほとんどそうはできません。

　これは、とても自然なことで、そこに問題の子供がいて、そこに問題が起こっていればそれを注意し、叱っていくというのは、何の疑いもなく受け入れられるからです。

　しかし、反対の例もあります。

　私と算数の共同研究をやっている先生たちがいます。そのうちの1人、M先生のクラス（4年生）は、低学力児と言われる子供たちに算数の力をつけさせて、最低点がいつも70点をくだらないと言うのです。

　学校では、「再生先生」と呼ばれていて、「問題の子供もちゃんと良くしてくれる」と言われています。

　この先生は何をしているのでしょうか。

　私に語ってくれた1つが「子供たちに対して、みんながんばっているからうれしい、うれしいといつも言っています」と、子供たちにフォローの言葉をかけて、いつもほめていると言うのです。

　言葉だけでなく、実際にテストの点数を上げているという事実を示しているのですから、子供たちからは「先生のおかげです！」と返ってくるというのです。

　何が子供たちを惹きつけているかがわかります。

子供をほめる「事実」をつくっている。

　M先生は、**ほめる「事実」をつくり、「ほめてばかり」いる**のです。最初からそのスタンスなのです。

　ここが「叱ってばかり」いる先生と真逆なのです。

　子供たちが何を望んでいるのか、よくわかります。

3 「フリ・オチ・フォロー」で関係をつくる!

授業もフリ・オチ・フォローからなる!

「フリ・オチ・フォロー」とは、お笑いの技術です。

『学級担任に絶対必要な「フォロー」の技術』(中村健一著、黎明書房)の中で、中村先生は、次のように紹介します。

「『お笑い』は『フリ』『オチ』『フォロー』から成る。

かなり古いが『コント55号』が分かりやすい例である。

欽ちゃんが『これやってみて』と二郎さんに課題を出す。これが『フリ』。

二郎さんは挑戦するが、うまくできない。これが『オチ』。

それを欽ちゃんがツッコんで笑いに変える。これが『フォロー』である。

授業も実は『フリ』『オチ』『フォロー』の積み重ねから成る。

『写真を見て気づいたことを箇条書きにしなさい』

『○○くん、発表して』

と教師が子どもにさせることは、すべて『フリ』である。

それに一生懸命取り組む子どもが『オチ』担当。

それをほめるのが、教師の『フォロー』である」

今どきの子供にはフォローが最適！

　昔は、「フリ」さえきちんとしていれば、充分子供たちには対応できたのです。だから、教師の世界では、ずっと「フリ」の研究をしてきました。

　ところが、今はそうはいきません。

　今どきの教室にはさまざまなタイプの子供たちがいます。また、子供１人を見ても、いつも安定した状態でいるわけがないのです。

　さまざまなタイプの子供に合わせてうまく対応する必要があります。

　そのためにも、子供の心の変化をとらえなければならないのです。

　子供の心、気持ちをきちんととらえ、それに対応する「フォロー」によって、子供の力を引き出すのです。

　「フォロー」が、今どきの子供たちには、最適なものなのです。

　不安に思っている子供たちには、このフォローで安心感を与えることができます。

ほとんどの教師がフォローを使っていない！

　ところが、このフォローを実際に授業で使っている教師は、ほんの少数にしか過ぎません。

　私は、退職してから先生たちの授業を参観することが多くなり、2000人以上の先生たちの授業を見てきました。

　その中で、このフォローを使っている先生たちは、ほんの10人ばかり。ほとんどの先生は、「フリ」と「オチ」だけで授業をしているのです。

　フォローとは、ほめたり、認めたり、励ましたりの言葉です。時には、注意をしたり、叱ったりも出てくるはずです。

　このフォローが、大きな役割を持っているのです。

4 「ほめる」ことの効果
～福山憲市先生の「ほめ点」～

フリ・オチ・フォローはどのように出されるのか?

フォローが子供たちを動かしていくことを前項で提起しました。

ここでフォローの達人は、どんなフォローを子供たちに出しているのか紹介しましょう。

福山憲市先生のことです。山口県の教師をされていました。今年3月に退職されているのですが、教師一筋でずっと過ごされました。福山先生は、学級経営でも、授業でも、第一級の実績を上げてこられました。私が最も尊敬する教師の1人です。

その先生が、どんなフォロー(福山先生は、フォローではなく、**「ほめ点」**と呼ばれています)を子供たちに出されていたのでしょうか(『道徳のチカラ』第3号という機関誌に紹介されていたものです)。

まず、右のような指示 **(フリ)** を出されます。

何だろうと思いながら、子供たちは後ろへ行きます **(オチ)**。1分以内に、全員が後ろへ行きます。

子供たちは、先生が何を意図して「後ろへ行け」と指示しているのか

> 〈フリ〉
> ・全員起立!
> ・黙って、後ろへ行きます。

わかりません。

　福山先生の**フォロー**は、次のように出されます。右のように第1のフォローで「黙って行動しているのは素晴らしい！！」と話されています。

　そして、「でも、惜しい。93点」と点数をつけられています。わかりやすく点数にされているのです。

　付け加えて、第2のフォローが出ます。注目点の指摘です。

　このあとに、「もう一度挑戦しますか？」と挑発されます。

　子供たちは「やります、やります！」と反応します。

　どうすればいいかがもうわかっているのですから。

　ふたたび「フリ」。

　先ほどと「フリ」の内容が違います。

　指示をよく聞ける子供を育てようとされていることがあとでわかります。

　「オチ」は子供たち。

　「どうだ！」という顔をしている子供たちもいるでしょう。

〈第1のフォロー〉
・黙って行動しているのは素晴らしい！！でも、惜しい。93点。残念なことがあります。

〈第2のフォロー〉
・もう、気がついた目をしている人がいます。そうです。椅子が出ている人がいます。机がねじれている人がいます。惜しいですねえ。

〈ふたたびフリ〉
・全員起立。
・黙って後ろに並びます。

〈オチ〉
・さっと行動する。
・机も椅子もきっちり入っている。

ここからが福山先生のすごいところです。

　　まず、右のようなフォローになります。これは普通に誰でもできるかと思います。

　　問題は、次からのフォロー。
　　山根君は、「100点花丸」です。
　　福山先生は、山根君が片手ではなく両手で椅子を入れているところをちゃんと見ておられるわけです。
　　これもすごいフォロー。

　　さらに、友だちの椅子にも目をやっている子供に注目されている。自分のことだけでなく、ちゃんと友だちにも目を向けられる子供です。これからのクラス方針がここにはあります。

　　このようなフォローがまだほかにもあります。圧巻なのは、次のフォローです。

〈さらなるフォロー〉
・やるねえ、さすがです。
・100点です。
（子供たちの目が輝く）

・でも、もっとすごい人がいます。山根君です。
　100点花丸。
・両手で、椅子をすっと入れていたのです。片手ではないのです。椅子に対して心が優しいのです。

・佐藤さんも100点花丸です。後ろに行く前に、ちょこっとですが、友達の椅子が出ていないか、見回していたのです。こういう心がうれしいのです。

・もっともっとすごいのは、金山さん。先生は、「並びます」と言葉を少し変えました。金山さんは気がついていたのかなあ。後ろへ行くだけでなく、並ぼうとしている姿でした。やるなあ。100点花丸！！ありがとう。

指示を変えた「フリ」がここで生きてきます。指示に敏感な子供の育成です。

「プラス1」の考え方を子供たちに伝えられています。

「ちょっと人より工夫することの大切さ」です。

それが勉強することだ、と。

福山先生は、このような指導を**「惜しい」**と**「やるねえ」**の繰り返しと言われています。

> 椅子を揃えたらOK。机を揃えたらOK。それで終わりではないのです。
> 100点にはもっと上があります。ちょっと工夫すると100点に花丸がつきます。

> これを「プラス1」と言います。「ちょっと人より工夫する」ということですね。
> それが、勉強するということです。かしこくなるということです。

普通の教師にとっては、とてもレベルの高い指導になります。

しかし、このような指導を身に付けていくことはできます。

そのために、ちょっとだけ気づいたことを書いておきましょう。

福山先生は、きっと最初からどこで「フォロー」をしようかと前もって**「ほめる視点」（「ほめ点」と言われています）**を設定されているのだと思われます。その視点で、子供たちをじっと見つめておられるのでしょう。

真似をしようとするなら、最初に「ほめ点」を1つでも、2つでも持って、「フリ」を振ればいいことに気づきます。最初は、数多くでなくていいのです。

子供たちを漫然と見ていてはいけないことがよくわかります。

＊註：この指導は、福山先生が機関誌『道徳のチカラ』第3号に載せられていたものを私の編集で載せさせていただきました。

5 「叱ること」の効果

「値踏みの時間」に子供は教師を見ている

「先生、僕らがあんなことをしたのに、たいして叱らないや！」
と子供たちが反応するときがあります。

受け持ってすぐの1週間ぐらいは、子供たちはじっと担任の対応を
見守っています。**「値踏みの時間」**と言います。

子供たちがさまざまなアクションを起こして、それに担任がどう反
応するのかを見る時間なのです。

私が担当していた初任者（女性）にこんなことがありました。彼女
は4年生の担任でした。体育館体育の場面です。

1回目は、体育館へ入ってからの準備運動などの手順や、きちんと
座って、先生を待っていることを教えていたのです。

ところが、2回目の体育館体育の日。準備をして体育館へ入ってい
くと、次のような光景になっていたのです。

みんなで体育館に散らばって、わあわあ言って遊んでいる。

これにはびっくりし、その初任者の先生も茫然として見ていたと言
います。

ここでどうするかが試されます。

どうしたのでしょうか。

その初任者は、覚悟を決めたと言います。

……あなたたち、何をしているの！
いい加減にしなさい！

体育館ですから、大声で怒鳴ったと言います。

そして、続けます。

ここへ集合！　座りなさい！
先生は、一生懸命あなたたちに体育の勉強を教えようとこうして
準備をしているのです！
なんですか？　これは！
体育館に入ってやることはこの前の体育の時間に教えたはずです。
体育館に入るところからもう一度やり直し！

子供たちは、粛々と体育館へ入り、班ごとに並んで、体育係が前に
出て準備体操を始め、終わったら座りました。

ちゃんとできました。すばらしい。
これで良いのです。これから体育館体育は、このようにします！
終わり！

そして、すぐに体育の授業を始めたということでした。

このようなフォローを付け加えることも大切なのです。

その日以来、子供たちの様子が変わったということでした。

「先生、こんな怖いところがあるんだ！　甘く見ていたら大変だな」
と、子供たちはこんな感想を持ったことでしょう。

叱るだけの「関係づくり」を変える!

「叱る」ことをマイナスなことだと考える先生は多いのです。

第2章2で、私も「叱り言葉」だけで関係をつくってはいけないと書いています。

> 問題はその「叱り言葉」だけで関係をつくっていこうとすることなのです。

とくにベテランの先生方の中には、厳しい叱りの指導で子供たちに「圧」をかけて、思いどおりの学級にしようとする先生がいます。学級経営が上手な先生として評判の先生でさえ、うまくいかなくなっている事例がいっぱいあるのに、まだこだわっています。

この先生のときは、何とかなっても、問題は次の学年に上がったときです。子供たちは解放されて、やりたい放題になります。次の学年で荒れるのです。そんな事例もいっぱいあります。

教師と子供の関係のつくり方を変えなければならなくなっているのです。

叱りかたの3つのコツ

> 「叱る」ことは決してマイナスばかりではありません。

肝心なときは、叱らなければならないのです。

「叱る」ことができない先生は、教師を続けていくことはできません。

「私は子供を叱りません!」と言って、叱らない先生を知っていますが、結局クラスは荒れて、学級崩壊になってしまいました。

教師になるということは、子供との間で自在に「距離」を調節する

ことになります。離れたり、近づいたり。それを「縦糸・横糸」張り
とたとえました。縦糸を張るためには、時として「叱ること」が必要
になります。

　いじめなどの行為をしたり、学級のルールを破ったりしたら、当然
教師は、叱らなければならないわけです。そこで、子供たちに嫌われ
るからと手控えたりしたら、子供たちに甘く見られてしまいます。

　上に挙げた初任者の体育館指導の「叱り」は、的確な指導だったの
です。あの指導を、いい加減に終えてしまったら、また同じような状
態をつくってしまったでしょう。

　「叱りかたのコツ」があります。

　**「叱る」ときは、全体の子供たちに対して叱ることが大事で、個々
の子供相手に叱ることは、できるだけ慎むことです。**

　「叱る」ことは、とても危険なことです。叱るときは脳に快楽物質
が出てくると言われています。だから、これを常用していると止めら
れなくなります。

　「叱り中毒」という状態です。しょっちゅう叱っている先生は、こ
の中毒症状になっている恐れがあります。

　だから、**叱るときは、夕立のごとくさっと終わります。**子供たちに
も、効き目があります。だらだら叱ることが続いたら、効き目はあり
ません。

　そこで、叱り終わったら、**「終わり」**と宣言するといいのです。

　それ以上続けられなくなりますから。

〈叱りかたのコツ〉
　①夕立のごとくさっと叱って終わる。
　②最後に「終わり」と宣言する。
　③「叱ること」は麻薬みたいなもの。夢中にならない。

---

6 包み込み話法を実践する

やんちゃな子供たちを包み込んでいく！

　問題行動を起こす子供たちと関わるのは、大変なことです。

　しかし、こんな子供たちでも、クラスの中にきちんと包み込み、一緒に活動をしていく必要があります。

　私は、「包み込み」と言っています。

　そのためには、「関係づくり」のための「言葉」（私は話法という使い方をします）を知っておくことです。

　第2章8で取り上げる神田昌典さんの『売れるコピーライティング単語帖』に従えば、売り上げを伸ばす人は、そうするための「言葉」を使っています。

　これを参考にすれば、問題行動を起こす子どもをクラスに包み込むことができる教師は、**「包み込む」ための「言葉」**を知って、使っていることになります。

　これを**「包み込み話法」**と名付けています。

　包み込み話法の目的は、次のこと。

子供たちの成功体験を認めること。

3つの包み込み話法を身につけよう!

　問題行動を起こす子供たちの心の中は、複雑です。

　発達障害、愛着障害などの子供たちは、いつも「不安」な気持ちに苛まれています。そこに、叱り言葉が突きつけられれば、「反発」と「逸脱」が返ってきます。

　そうしないで、「安心感」を感じさせる話法を使うのです。

　そんな子供たちが、ある場面でほかの子供たちと一緒の行動をとり、「できた!」という成功体験を収めるとき、教師は目ざとくそれを発見し、「包み込み話法」を投げかけるわけです。

　この「成功体験」の積み重ねが、問題を起こす子供たちの変化を期待することになります。

　　〈3つの包み込み話法〉
　　1　短く「ほめる」SWIM話法
　　　　S…すごい、すばらしい、さすが、その調子
　　　　W…わかるよ
　　　　I…いいね
　　　　M…みごとだね
　　2　名前話法
　　　　「ステキですね、菜々子さん」「ばっちりだよ、一郎君」など
　　3　成長・達成喜び話法
　　　　「できるようになってきたね」「やったじゃない」など

　まだいっぱいありますが、この程度は、いつも使うようにします。また、「ほめること」はさりげなく使うことです。

　もちろん、この話法は、問題行動を起こす子供たちだけに使うものではなく、日頃からのスタンスとして身に付けておくべきなのです。

繰り返し話法で関係をつくる

「聴く」という行為の意味は？

「私はもうだめなのではないでしょうか？」

患者からの、この問いかけにどう答えていくのでしょうか。

この調査を、医学生、看護学生、内科医、外科医、ガン医、精神科医、看護婦にしたアンケートが、『「聴く」ことの力』（鷲田清一著、阪急コミュニケーションズ）で紹介されています。

これに対して次のような5つの選択肢が設けられています。

①「そんなこと言わないで、もっと頑張りなさいよ」と励ます。

②「そんなこと心配しないでいいんですよ」と答える。

③「どうしてそんな気持ちになるの」と聞き返す。

④「これだけ痛みがあると、そんな気になるね」と同情を示す。

⑤「もうだめなんだ……とそんな気がするんですね」と返す。

結果は、精神科医を除く医師と医学生のほとんどが①を、看護婦と看護学生の多くが③を選んだということ。

精神科医の多くが選んだのは⑤。

⑤は、一見何の答えにもなっていないように見えますが、実はこれは解答ではなく、「患者の言葉を確かに受けとめましたという応答」

なのだと、紹介されています。

鷲田氏は、次のように書かれています。

「〈聴く〉というのは、何もしないで耳を傾けるという単純に受動的な行為なのではない。それは語る側からすれば、ことばを受けとめてもらったという、たしかな出来事である」と。

「繰り返し話法」で子供の話に耳を傾ける

「言葉を受けとめてもらった」という事実をつくること。

これは、教育の場でもとても重要なことなのです。

何か問題があるとき、子供を呼んで話を聞きます。教師はよく話の途中で、「どうしてそんなことをしたの？」「また、そんなことをしたんだね！」などとうっかり合いの手を入れてしまいます。

私もそうでした。ここを我慢してじっと耳を傾け、「ああっ、それはそんな気持ちだったんだね。それはよくわかるなあ！」と子供の話を繰り返してあげることです。私は、**「繰り返し話法」**と名付けました。

これを意識し始めてから、子供たちとの「関係づくり」はぐっと良くなりました。

第1章4で高学年女子への指導を紹介しました。

また、「繰り返し話法」に加え、**理由ではなく、状況に注目**して話を聞くと良いでしょう。

子供から状況を聞き取っているとき、「どうしてそんなことをしたの？」と理由だけに注目して聞き出すことが多くなる場合があります。注意しましょう。大切なのは、いつ、どこで、誰と誰がどのような理由でトラブルを起こしたのかをくわしく聞き取ることです。

その子の話を聞きながら、「ここは、こうだったんだね」「そんな気持ちがあったんだね」……と話をまとめながら耳を傾けていくのです。これは大成功でした。

8 子供との関係を つくる伝え方の 「構成」と「言葉」

言葉の力をマスターすること

『売れるコピーライティング単語帖』（神田昌典・衣田順一著、SB クリエイティブ）という本があります。私がとても刺激を受けた一冊 です。

神田昌典さんは、経営コンサルタント。

この本は、物を売るために、いかにコピーライティングをすればい いかについて書いてあります。

しかし、ただそれだけの本ならば、数多くあります。

この本がおもしろいのは、「物を売る」ためには、言葉の力をマスター することなのだと言い切っているところです。

そのために、「売れる言葉」を探し出していくことだと言います。

よく売れる販売員の人たちは、必ず「売れる言葉」を持っていて、 顧客に対して、その言葉を使っている、と。

その意味での売れる単語帖なのです。

でも、この本は、それだけではありません。ここからが重要です。

「『売れる言葉』さえ手に入れば、それで仕事をしたつもりになり、 本質を掘り下げて考えることがなかった。その結果、『言葉』と同様 ─いや、もしかして、それ以上に─『重要な要素』を、見逃してしまっ

たのである」と指摘されています。

　ここに惹きつけられました。さらに、次のように指摘されています。

> 「言葉」と同様に、「重要な要素」とは、何か？
> その答えは──、「構成」である。
>
> 「構成」とは、「何を」「どの順番で」言うか？
> それに対して、
> 「言葉」とは、「何を」「どう」言うか？
> つまり読み手の反応を上げる、文章の最小単位は、
> 構成×言葉＝反応率　となる。

　この本は、横糸である「構成」と縦糸である「言葉」とによって、「売れる言葉」は成り立っていると書かれています。

ワンパターンな言葉の使い方に気をつける

　先生たちが一番悩んでいることは、子供との「関係づくり」なのです。この「関係づくり」に使われるのは、「言葉」と「表情」とも書きました。
　学級崩壊になる先生たちに共通しているのは、次のようなパターンになっていました。

①子供たちの問題行動→まず、叱り言葉を投げる。
②毎日の問題行動→ずっと、叱り言葉を投げる。

　意識もせず、自然にこうなっています。
　子供たちの行動に対して叱るというワンパターンなのです。

ここには、どんな「言葉」を、「どう」言おうかという吟味はなく、ましてや、どんな「言葉」を「どの順番で」言おうかという吟味は まったくありません。

　ただ、問題行動をする子供の土俵に下り立って、「叱り」言葉を投げつけているだけなのです。

　「関係づくり」のための、「言葉」とその「構成」の吟味が何もないと言っていいわけです。

　このことは、何を意味しているのでしょうか。

　子供たちと「関係づくり」をするための戦略が何もない！

　こういう結論になります。

学級崩壊を止めなくてはならない！

　これから学級崩壊は、学校現場での最大の課題になります。

　しかし、現場では、これを食い止めるための戦略が今のところまったく考え出されていません。

　だから、これからも果てしなく、学級崩壊は続いていきます。

　それで、休職したり、辞職したりする教師たちは、とめどなく増えていきます。

　何とかしないといけないという思いは、きっと先生たちにもあるはずです。

　ヒントは、繰り返しになりますが、子供との「関係づくり」のための、「言葉」とその「構成」なのです。

中村健一先生の戦略

　先ほど「学級崩壊になる先生たちには戦略がない」と書きました。

　この戦略を提起している先生の1人に、中村健一先生がいらっしゃいます。先生の著書にベストセラーになった明治図書のシリーズがあります。そのシリーズの最初の本は、『策略　ブラック学級づくり』。

　この本のまえがきで、次のように提起されています。

　「思い返してみると、この10年ぐらい学校で腹が立ったことがない。

　もちろん、子どもたちを叱ることはある。しかし、それは全て演技だ。子どもたちのすることなど想定の範囲内である。ここで叱るべきだと判断すれば、厳しく叱る。私の講座を受けたことのある方なら分かると思うが、かなりの迫力を持ってである。

　それでも、心の中は冷静だ。私はどこか冷めたところがある。

　私は常に『策略』を巡らせて教育を行っている。『感情』の入る余地はない」

　そして、次のようにも書かれています。

　「一学級を預かる教師は、一国を預かる内閣総理大臣のようなものである。総理大臣が『策略』も練らず、『感情』に任せて国を治めたらどうか？　そんな危ない人間に国は任せられないだろう。一学級を預かる教師も同様である。『感情』を排除し、『策略』を巡らせて学級をつくるべきである」

　「感情」を排除して、「策略」を練るというのが、中村先生の戦略です。しょっちゅう叱り続けて、学級崩壊になっている先生たちには、要するにこれがありません。「感情」の赴くままに、叱り言葉を投げかけているだけですから。

COLUMN

学級変貌論ノート②
非常事態が起こっている(2)

❗ いじめも平成25年から右肩上がりになっている！

次に、いじめのグラフを見てみます。これも顕著な結果が見てとれます。

〈参考3〉いじめの認知(発生)学校数の推移

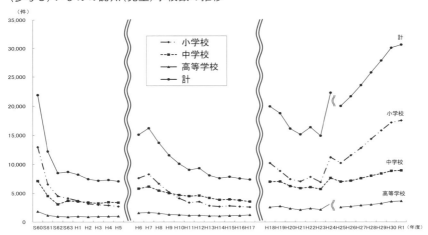

出典：文部科学省「児童生徒の問題行動・不登校等生徒指導上の諸課題に関する調査結果(令和元年度)」

同じように平成25年度から右肩上がりに上がっている。

暴力行為の発生件数と符合するように相似形になっています。

平成25年度からいじめの定義が厳格になっています。それにもかか

わらず、このように多くなっている現象が起こっています。

❗ いじめは小学校の低学年が多くなっている！

　小中高のどの学年がいじめが多いでしょうか。これもグラフ化されています。

　数年前までは、中学校が一番いじめが多かったのです。ところが、現在では、次のようになっています。

〈参考７〉学年別いじめの認知件数のグラフ（国公私立）

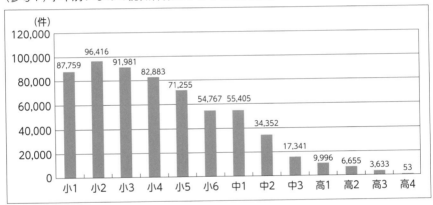

出典：文部科学省「児童生徒の問題行動・不登校等生徒指導上の諸課題に関する調査結果（令和元年度）」

今では小学校の低学年でいじめが多くなっている。

　何が起こっているのでしょうか。どうして低学年でいじめが多くなるのでしょうか。このように暴力行為、いじめの急増に注目したマスコミは知る限りではありませんでした。注目されませんでした。

　最近私が得た情報では、小学２年生のクラスが学級崩壊になるということが数多く起こっています。そういうことをこの統計は反映しているのでしょうか。いや、反面単なるけんかや些細なもめごとがいじめとして計上されているとも受け取れます。

第 **3** 章

安心感を生み出す
学級経営を考える！

1 これまで提案してきた 「学級づくり」

「学級づくり」は、仕組みと集団づくり！

　学級経営の1つとして、「学級づくり」を提案してきました。

　「学級づくり」がしっかりしていないと学級経営は成立しないと考えています。それほどに重要視しています。実際に、この「学級づくり」で実践することは、次の2つのことになります。

　①仕組みづくり　　②集団づくり

　「仕組みづくり」は、1日の流れをつくるための方策です。

　そして、**「集団づくり」**は、最初の「群れ」の状態を「集団」へ高めていく方策になります。

　学級を、子供たちが自分たちで動かしていけるように取り組んでいきます。このためには、どうしても学級にルールが必要になります。

　「群れ」の状態では、やんちゃな子供たちが勝手に動いていく弱肉強食の状況に陥っていきます。そうならないために、ルールが必要になります。

　ルールがきちんと定着していくと、「2割」の真面目派が学級で全体の子供たちを引っ張っていく目安ができあがるのです（第3章4を参照してください）。

　私は、このルールづくりのために、**「目標達成法」**を提案しています。

先生たちの多くは、この「ルールづくり」をいい加減に済ませてしまっているのではないでしょうか。担任が注意することが「ルール」になっている場合が多いのです。

　だから、担任のさじ加減で変わっていく場合があります。やんちゃな子供たちは、その隙を見逃さないで、自分たちの都合のいいように解釈するため、ルールがいい加減になります。

　学級のルールは、**「見える化」**と**「確認」**が鉄則です。

　ルールは、学級の掲示板にきちんと貼り出されていて、それを子供たちがきちんと守っているかどうかを確認しなくてはなりません。そこがポイントなのです。

子供たちが自分で教室を動かせるように！

　「群れ」を「集団」にしていくもう１つのポイントは、子供たちが自分たちで学級を動かしていけるようにすることです。

　最初の１か月は、担任が「教えていく」ことが多くなりますが、５月の連休が過ぎると、どんどん子供たちに任せていくことが多くなります。担任は、後ろに引き下がっていくわけです。そのためには手立てが必要です。私は、３つの段階を設けていました。

○第１段階…「自主管理」と「一人一役」の原則を適用

　指導をした初任の先生の学級のものです。子供たちが自分たちで学級を運営していくためには、まず日直がその日を動かしていくことを教えていきます。

　ポイントは、具体的な時間をきちんと書いておくこと。

これも初任の先生の当番活動の掲示板です。学級の人数34人分の「一人一役」の仕事が割り振られています。

教室の1日の仕事のすべてです。全員が、自分の役目を確実に果たしていくことになります。**自分たちで学級を運営していくためです。**

○第2段階…「ちょこちょこ学級会」を実践する

学級会というと、机をコの字にして、議長、副議長、ノート書記、提案者の席を設け……、というように仰々しくなります。

だから、ついつい段取りの面倒くささを理由に、学級会を開かない学級も多いと聞いています。

しかし、「群れ」の集まりでは、もめごとが多く起こります。それを教師裁定だけで済ませていけば、子供たちがいつまでたっても「集団」になりません。

子供たちの間の問題は、彼らの話し合いでまとめていかなければならないのです。自分たちで決めて、自分たちで守っていくようにしなければなりません。

そこで、私のクラスの学級会は、こうした形式をすべて排除しました。学級会を開くときは、教室の真ん中から向かい合わせになるだけです。

議長は自分の席から「これから学級会を開きます」と宣言します。始まりは3秒。問題が起こったときに「ちょこちょこ」話し合いをするのですから、多くの時間をかけません。

ただ、決まったことだけは、画用紙に書いて貼るようにしておきました。これが子供たちの間のルールになっていきます。

○第３段階…会社活動を行う

　子供たちが行う活動の１つに「一人一役」の当番活動と、もう１つ「係活動」があります。この２つは区別しています。

　係活動は子供たちが自主的に３人以上のグループをつくって活動をします。

　２か月に１度は、全員が参加できる活動を提起しなければなりません。その場合は総合の時間を使うといいでしょう。

　企画、運営などのすべてをそのグループが担わなければなりません。そこからリーダーが育ち、自分たちで活動できる力が養われていきます。子供たちの希望で「係活動」は「会社活動」としています。

　さまざまな会社が出てきます。

　新聞会社、バースデー会社、将棋会社、トランプ会社、お楽しみ会社など。

　これは、法則化運動で紹介された係活動を真似たものです。

　問題は、活動の時間です。これを保障しなければ、活動は不活発になります。

　私のクラスでは、給食の配膳時間の10分間。

　配膳の邪魔にならないように後ろで静かに活動をすることになっています。

将棋会社の様子

2 これからの 学級経営とは？

思い思いにやられている学級経営

　学校現場では、学級経営という言葉が使われています。

　「あの先生の学級経営はうまいから、いつも学級が落ち着いているね」「あの先生のクラスは学級経営がだめだから、うまく回らないのよ！」と。

　これほど普通に使われている学級経営という言葉ですが、実際にそれは何だろうかと考えてみると、実に曖昧になるのです。

　どのように使われていることが多いでしょうか。

①「学級づくり」と考えている。
②特別活動的な内容と考えている。
③生活指導的なものと考えている。

　おそらく、３つとも学級経営だと考えている先生も、この中の１つと考えている先生もいると予想されます。

　学級経営の第一人者である赤坂真二先生に言わせると次のようになります。

　「……しかし、一方で、学級経営とは何かがはっきりしません。学

級経営は、研究の蓄積が少なく、共通して取り組むべきことが確認されていないのです。だから、学級経営のイメージは、教師一人一人によって異なるのです」（『学級経営大全』明治図書）

　大学の教員養成段階において「学級経営」という専門科目はありません。一部の大学で、選択科目などとして設置はされていますが、その内容は、指導する教員に任されている状態だと、赤坂先生はこの本で書かれています。
　要するに、学級経営は大学では学問として認められていないので、学生は、ほとんど何も学んでいないわけです。そのために、学級経営についての共通理解はないのです。

　各先生方は、それぞれ思い思いに学級経営をしているだけ。

　学級経営というのは、学級においての担任のすべての仕事に関わる用語のために、このようにバラバラな状態になっているわけです。

学級経営は3領域に分けられている！

　ここに1冊の本があります。
　『学級経営の教科書』（白松賢著、東洋館出版社）。今まで曖昧だった学級経営をまとめて示された意欲的な本になっています。
　白松先生は、次のように書かれています。

　「本書は、『不安と危険に満ち満ちた格闘場（アリーナ）』である学級を、教師にも子どもにとっても『相互尊重と創造性に満ち満ちた場所』に変えていくための**21世紀型モデルの学級経営**への転換を図るものです」

　そのもとに、学級経営を「必然的領域」「計画的領域」「偶発的領域」

と3領域に分けられています。曖昧で混乱している学級経営を整理したいという思いで、このように分けられています。

　また、赤坂先生を中心として日本学級経営学会も立ち上げられ、活動が進められています。これから学級経営が大きな潮流として立ち上がっていくことを願っています。

安心感を生み出す学級経営をしよう

　繰り返しになりますが、私は今まで学級経営を「学級づくり」に絞って提案してきました。それは、「授業」だけでは、目の前に展開している困難な事態に対処できないという強い思いからでした。

　3、40年前には、学級の子供たちは「仲間」同士であり、互いに協力し合って活動していくことが普通にできていました。

　それが、今では、その学級が、ともすれば互いに足を引っ張り合い、いじめの関係をつくりあげる「不安と危険な格闘場」に変わり果てています。だからこそ、子供たちが、教室に期待する第一のキーワードは次のことなのです。

> 「安心感」

　担任には、この**「安心感を生み出す学級経営」**をしてほしいと子供たちは願っているはずです。

　「学級づくり」は、その学級経営の1つとして提案してきたのです。

　しかし、これから学級経営を考えていくときに、この「学級づくり」だけで「安心感」を生み出していけるとはとても考えられません。

　個人的な提案になりますが、これからの学級経営は「安心感」を指標として、次のような項目で考えたいと思っています。

①関係づくり（縦糸・横糸）
②学級づくり（仕組みづくり、ルールづくりなど）
③学習指導（日常授業、全員参加など）
④生活指導（いじめ指導など）
⑤連携・協力（危機対応、保護者対応など）
⑥環境整備（教室設営、行事対応など）

安心感を生み出す学級経営

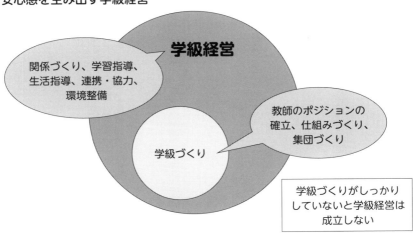

学級経営

関係づくり、学習指導、
生活指導、連携・協力、
環境整備

学級づくり

教師のポジションの
確立、仕組みづくり、
集団づくり

学級づくりがしっかり
していないと学級経営は
成立しない

　学級経営として提案しているのは、今まで普通に提起されてきた内容です。しかし、そこで展開する内容は、大きく変わっていかなければなりません。何が変わっていくのでしょうか。

　私は、その１つひとつでの**「関係づくり」**であると考えています（これについては、第４章で書いています）。

　また、**「学習指導」**についても、今までの指導法では展開できないと強く思っています。発想を大きく転換することが必要だと考えています（これについては、第５章で書いています）。

　目の前の子供たちに応じて、何ができて、何がもうできなくなっているのか、それを考えなければなりません。

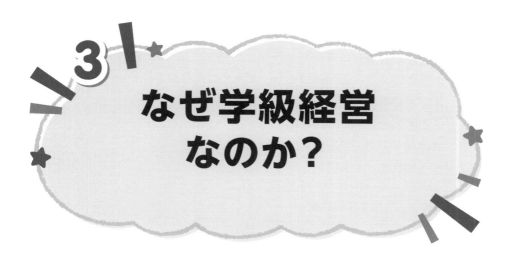

1980年代半ば頃から子供が変わっていった！

　学級経営を意識したのは、ある困難校での経験からです。

　この学校での５年間が、私の教師経験で一番厳しい期間でした。

　それまでは、「授業を何とかしたい！」という思いで突き進んでいました。ちょうど向山洋一先生が代表であった法則化運動が全盛期の頃です。私自身は運動に参加することはなかったのですが、影響は強く受けていました。

　教務主任をしながら、高学年の担任をして悪戦苦闘していた時期と重なります。振り返れば、20代、30代の頃（1970年代、80年代）は、順調でした。

　子供たちは、学校へ来る前から教師に対する「縦糸」意識がすでにあり、学校では自然に教師と子供との上下関係ができあがっていました。だから、あえて縦糸を張ることを意識する必要はありませんでした（縦糸を張るという概念もなかったのです）。

　この頃、「教師というのは、こんなに楽しいものなんだ！」という経験を何度も味わうことになります。

　この状況が変わったのは、1980年代の半ば頃からでしょうか。

子供たちが変わっていきました。

私は、37年間の教師生活で、この「子供たちの変貌」を教室の現場で間近に見てきた「生き証人」であるとも言えます（笑）。

何よりもまず学級経営を意識する

80年代の半ば頃、私の周辺で学級崩壊が起きてきました。

学級崩壊を引き起こす超やんちゃな子供たちは、とても人間とは思われないような動物的な姿を見せて、学級を壊しにかかるのです。

教師の叱責には、「うるせえ〜」「うぜえ〜」「消えろ」「死ね」などの反発を繰り返していました。

生徒しない事態です！

学校は、「教師―児童・生徒」の関係で成り立ちます。

子供たちの一部が、**「生徒する」**（小学校では、「児童する」と言ってもよいのですが、ここでは「生徒する」で統一します）ことをやめれば、学校は成り立たなくなります。

これは大変なことになってきたなあと実感しました。

今までは、「授業を何とかしたい！」と進めてきていましたが、それだけではどうにも対処できない事態が起きていました。授業を進めていく前段階のところが問題だったのです。

このとき、初めて学級経営を意識したことになります。

実際には、担任になったら、まず「学級」をつくるという発想を初めて意識したことになります。それから私の場合は、「学級づくり」を進めていくことになります。

教室を安全・安心な場所にすること

このときには、どのようなことを意識していたのでしょうか。

①学級は、子供たちが、まず担任の指示に従って動いてくれなけ
　れば、どうにもならない。そのスムーズさが要求される。
②そのためには、担任の指示を混乱させるやんちゃな子供たちが、
　とにかくみんなと同じ行動をとって動いてくれることである。
③いわゆる**「生徒する」**行動が必要になる。
④そのためには、意図的にみんなが**「生徒してくれる」**ための**「学
　級」**をつくることが必要になる。まず、**教室を安全・安心な、
　秩序ある場所にすることになる。**

　まだ、教育界は、「授業、授業」の時代で、学級経営や学級づくり
の本などはほとんどない状況でした。20年以上前の話になります。
　暗中模索の試みを始めることになります。

これから学級経営が問題になる！

　2003年に初めて本を出しました。『困難な現場を生き抜く教師の仕
事術』（学事出版）。それまで「授業、授業」と考えてきた発想を、こ
れから学級経営が問題になるのだと発想を変える提案をしたことにな
ります。今から18年も前のことです。

　この当時は、学級経営を問題にすることはほとんどありませんでし
た。教育界は、授業だけを問題視していました。教育委員会の研修講
座でも、授業講座だけがあり、学級経営講座は皆無でした。

　このとき、学級経営を問題提起していたのは、上越教育大学の赤坂
真二先生（このときは、まだ小学校の教師でした）だけだったのです。

　私は、学級経営の中の「学級づくり」に絞って提起しました。

今では、学級経営も、学級づくりも、本などで盛んに提起されていて、メジャーになっています。

　それだけ、学校現場の深刻さが増したとも言えるのですが、ただ、ほんとうに学校現場が学級経営を必要としているのかと言えば、そうはいかないと考えています。

なぜ「学級づくり」だったのか？

　学級経営を「学級づくり」に絞って提起したのは、次のような考えからでした。

①「学級づくり」を提起したのは、あくまでも目の前にある困難な現場をどのように克服していくかの視点。その困難さを授業だけで乗り切っていくことはできなかった。
②授業だけで何とかするという段階ではもはやない。
③「学級づくり」は、学級経営の１つであるが、「学級づくり」がしっかりしていなくては学級経営もまた成立しない。
④「学級づくり」では、まず教師のポジションの確立である。子供たちに信頼され、安心が生まれる教室を確立し、子供たちの中に所属感や連帯感を育てることになる。

　また、教室に、生活や学習における規範意識や習慣の確立をめざし、清掃、給食などの当番活動や、あるいは係活動などを通して子供たちの自治活動を育てていくことも必要になる。

　学級経営の中で「学級づくり」を選んでいったのは、こういう思いがあったからでした。

子供集団の見方を変える！

　これからは子供の見方を変えなければならないと考えました。

　今までは、「授業をどうするか」という視点だけで子供たちを見ていました。

　よく発言する子供は？　発言が苦手な、おとなしい子供は？　授業についてこれない子供は？　そして気になる子供は？　……というようなとらえ方です。

　このような見方から、「学級をつくる」という視点に方向転換をしていくとき、どのように見方を変えるべきなのか、と。

　このとき、初めて学級をどのように組織していくかという方向が見えてきました。

　組織の法則があります。パレートの法則と言われているものです。

> 「2：6：2の法則」

　この法則を、学級に応用してマネジメントしてみようと考えつきました。

「2：6：2の法則」の間違った使われ方

　集団は、「2割・6割・2割の割合で、3つのグループに分化される」と一般的に言われています。

　学級もまた、だいたい次のように構成されています。

①最初の2割：真面目に学習に参加し、発言力もある子供たち。
　　　　　　　　担任の味方をして、学級を主導していくグループ。
②中位の6割：中間派のグループで、あまり目立たず、最初は静か
　　　　　　　　に座っている子供たち。
③最後の2割：やんちゃな子供たち。ともすれば、学校生活に前向
　　　　　　　　きになれない子供たちのグループ。

　問題は、最後の2割なのです。このグループの中で、超やんちゃな子供たち2、3人がいます。とても気になる子供です。学期の最初からよくしゃべったり、うろうろしたりして目立ちます。

　担任は、この目立っている子供に目が行き、いつもその子たちの対応に追われます。その子たちを何とかすれば、この学級はうまくいくという考えがあるからです。でも初任の先生は、そんな発想までいかなくて、とにかく何とかしなくては学級が動いていかないので、しょっちゅうその子たちに関わります。

　そのうちに、このグループが7、8人に膨れあがります。超やんちゃな子供たちは、もう担任に対して、「うるせえ〜」「うぜえ〜」などと捨て台詞を吐き始めています。

　すでに、学級は騒然とし始めていて、授業の始まりが5分以上もかかる場合が出てきます。私たちは、「魔の6月」と言って、5月の後半から6月にかけて起こってくる現象です。

　この法則が間違って使われています（もちろん、この担任は、法則を知らないのですが……）。

担任に一貫性がない！

　この法則を、学級で実践していくときにポイントとして考えたことは２つありました。

---

①２割の真面目派を常に味方につけておくこと。
②８割を味方にする実践をすること。

---

　①は、担任にとって忘れがちなポイントなのです。
　ほとんどの先生が、学級崩壊は一部の超やんちゃな子供によって引き起こされると考えています。もちろん、きっかけは彼らです。表面的にも、そのように見えます。
　しかし、組織論的に見れば、そうではありません。
　実際には、次のことが起こっています。

「２割」の真面目派が担任を見限ること。

　担任は、この２割を味方にして、学級を動かしていくのです。
　ところが、この２割が担任に不信感を持ち、離れていくことが起こってきます。彼らは、学級を動かしていくことが馬鹿馬鹿しくなり、もはや傍観者みたいに席に座っているだけの存在になります。
　それは、どんなときに起こるのか？

担任のやり方に一貫性がないとき。

　担任が昨日指示していたことが今日は変わっているという事態が多くなります。方針がころころ変わります。一部の子供たちの強い要求で変わったり、その場の雰囲気で変わったりします。一貫性がないのです。いかにも頼りない印象を与えます。
　そうすると、真面目派の子供たちに、「もうやってられない！」と

いう不信感が生まれます。もう学級は動いていきません。それを見ていた6割の中間派は、いよいよだめだと思い始め、やんちゃな子供たちと一緒の行動をとるようになります。学級崩壊の始まりです。

8割に目を向けて味方にする！

②の8割を味方にすることです。

学級は、2割の真面目派が中心になってクラスを動かしていきます。第2のポイントは、担任が、この2割をしっかり味方につけながら、中間派の「6割」を引き寄せていく実践をすることです。

8割を味方にしていく。

超やんちゃな子供たちにしょっちゅう関わり、それが「決め手」だと思っている先生たちは、大きな間違いをおかしています。

決め手なのは、この「6割」をいかに味方につけるかどうかなのです。学級崩壊を引き起こす担任は、そこに目を向けていないのです。

実は、学級づくり論では、この6割をいかに味方につけるかどうかが大きなポイントだということをわかっていなければなりません。

12月に私の講座に参加された、あるベテランの先生のクラスが、学級崩壊になっていました。もうこの時期にクラスを回復させるのはむずかしいのです。

ところが、その先生は、私の「8割の子供たちに目を向けるのです！」という提案に反応して、クラスで実践したというのです。やんちゃな子供たちにはほとんど目を向けず、8割の子供たちに目を向けたのです。

次の2月の講座で、もう一度その先生にお会いして、「クラスが落ち着いてきました！」と語っておられました。その決め手は、「8割に目を向けた」こと。

5 教室の「空気」と「時間」を統率する
～学級づくり論②～

教室の「空気」と「時間」を統率する！

　「8割を味方にする」ことの大切さを書きました。

　それでは、どうすればいいかという「具体」が求められてきます。現場は、必ずハウツーの具体が求められます。

　それは、ごくごくシンプルに言えば、次のように考えられます。

> 教室の「空気」と「時間」を統率すること！

　統率という言葉は厳しい言葉です。広辞苑によれば、「多くの人をまとめてひきいること」という意味になります。

　担任は、学級を経営する立場にあります。学級の子供たちをまとめてひきいていかねばなりません。そのための統率です。

　ともすれば、この統率は「黙ってついてこい」という強権的な意味合いでとらえられてしまいます。実際にそういう経営をしているベテラン教師もいますが、今の時代はもう通用しません。統率力は、むしろ「丁寧な関係づくり」と言い換えることができます。

　「空気」と「時間」は、教室に流れる、目に見えないものです。しかし、この2つこそが教室を支配しています。

「空気」の統率の失敗とは何か？

　教室の「空気」とは、教室に広がる雰囲気になります。

　この空気をやんちゃな子供たちに掌握されることで「荒れ」が始まります。たとえば、次の４項目がどうなっているのかチェックしてみましょう。

　①子供たちは、担任の指示にすばやく反応しているか。

　②やんちゃな子供が勝手に振る舞わないようにきちんとした指導ができているか。

　③リーダーシップを発揮して子供を引っ張っているか。

　④子供に指示したことを教師も守ろうと努力しているか（例　時間を守るなど）。

　このような項目で、ほとんど×がついてしまうようであれば、空気の統率はできていないと言えます。

　この失敗は、どういう原因で起こっているのでしょうか。繰り返しになりますが、大切なので強調しておきます。

　ア　担任が教室でリーダーシップを発揮していない。

　イ　担任が意識的に指示を徹底する手立てをとっていない。

　ウ　教室の「空気」をやんちゃな子供に握られている。

　エ　教室の中心に「真面目派」の子供たちがいない。

　担任がリーダーシップを発揮して、子供たちとうまく「関係づくり」ができていないことの結果です。

　やんちゃな子供たちは、教室の「空気」を支配したいと意識的に行動してくることがあるものです。

　さかんに質問をしたり、授業中にしばしばトイレへ行ってみたり……、とにかく自分たちが目立つ行動をとることがあるのです。その目立つことで、自分たちが教室の「空気」を支配しているのだとほか

のみんなに示威しているわけです。

　こういう行動が目立つようになると、気をつけなければなりません。

「時間」の統率とは何か？

　教室の「時間」とは、教室に流れる１日の時間になります。

　子供たちが、朝学校へ来てから、終わりの会までの「時間の流れ」がスムーズに流れていくことが必要です。これは、担任にしかできないことです。

　３、40年前の学級指導は、ゆっくり丁寧に行うことが基本でした。しかし、今は、**「スムーズさ」**が強く求められます。それは、ゲームなどでスピード感が子供たちの体に染みこんでいるからです。

　だから、教室の流れが、しばしば止まってしまったり、だらだらとなってしまったら、とたんに子供たちは、違和感を感じ始めます。体からの反応です。そうなると、子供たちもまた「だらだら」「ぐだぐだ」し始めます。

　学級崩壊をする学級に、100％起こる現象は、教室に「スピード感」がなくなることです。

　子供たちの間でもめごとが頻発し、担任が子供たちに自習を指示して、廊下に関係者を呼んで仲裁をする時間が多くなり、授業が休み時間までしょっちゅう食い込み、授業が始まるまでに５分以上かかる……。これらは、すべてスピード・テンポを失わせていく原因です。

　教室に「空白の時間」が生まれることは、担任として最も警戒すべきことなのです。

　どうするといいのでしょうか。

　ア　集団がすばやくスムーズに動いていける段取りができている。
　イ　子供たちが自ら動いていける学級システムになっている。

この2つの条件を子供たちが身に付けるためには、教室に「仕組みづくり」が必要になってくるわけです。これを「学級づくり」できちんと設定していくことになります。

　さて、「時間の統率」がうまくいっているかどうかは、次の項目でチェックしてみるといいです。

　①朝自習は、自分たちで静かに行っているか？
　②朝の会が1時間目の授業に食い込まないようにスムーズに進んでいるか？
　③中休み後の授業は、時間どおりに始まっているか？
　④給食の時間は、決められた時間でスムーズに進んでいるか？
　⑤掃除の時間は、決められた時間でスムーズに進んでいるか？
　⑥終わりの会は、短い時間でスムーズに終えているか？

　①の朝自習（10分間）を、担任がいなくても静かに行えているかどうかは、大きなポイントです。クラスがうまくいっていなければ、これができないからです。

　また、⑥の「終わりの会」が短い時間でスムーズに進んでいるかどうかも、大きなポイントです。

　クラスがうまくいっていない場合は、これがだらだらと長くなります。学級が崩れていた初任者のクラスは、「終わりの会」に30分を費やしていました。子供たちは、早く帰りたいのです。

　だから、5、6分が理想の時間です。せいぜい10分以内で終わらせること。そのためには、プログラムを絞り込んでいくことです。

＊註：「空気」と「時間」の統率について、くわしくは『必ずクラスを立て直す教師の回
　　　復術！』（学陽書房）を参考にしてください。

なぜ勝負は 1か月なのか?
～学級づくりの具体化～

「学級づくり」は4月がすべて

「学級づくり」で最も大切なのは、**「最初の1か月」**になります。

4月いっぱいの、この時間を担任がどのように過ごすかで1年間の学級の方向性が決定します。私は、ほぼ80%がこの1か月で決定すると考えています。あとの20%は、その「学級づくり」をどのように徹底するかにかかっています。

教育実践家によっては、4月でその学級が乗り切れるかどうかの決定の比率を70%、100%などと提案されています。これはあくまでも目安に過ぎないのです。はっきりしているのは、これほどに4月の1か月が持つ比重は大きいのです。

私が初任者だったときも、周りのベテランの先生から伝えられたことも、この1か月の大切さでした。

なぜ1か月なのか?

なぜ、1か月なのでしょうか。

これは実践を積んできたゆえの結論です。

もっと広げて、1学期間でもいいはずです。それでも、なぜ1か月

なのでしょう。それには、この１か月間で実践しなければならないことを考えたらわかります。

　①子供たちとの「関係づくり」
　②教室での「仕組みづくり」
　③教室での「ルールづくり」

　この３つの取り組みは、この１か月に集中します。最初が肝心だと言われるのは、どんなことでも同じことです。子供たちは、最初に決められたことを頑なに守ろうとする行動癖があります。これは担任をしていると実感できるのではないでしょうか。その理由は、子供たちが**安心感や安定感**を強く求めるからなのだと理解できます。
　『世界最高の学級経営』では、次のように書かれています（*註１）。

　「子どもたちは、何を行うかを予測できる、安心できる学びの場を求めています」
　「教師以上に、いい学級経営を望んでいるのは子どもたちです。きちんと運営されているクラスでは、いつでも安心して過ごせるからです。（中略）子どもたちが最も嫌がるのは、**教師に計画性がなく、支離滅裂ではないかと感じることです。**こうした教師の頭にあるのは、授業をすること、プリントを配ること、ビデオを見せること、活動を行うことで、学級経営に考えが及んでいないのです。学級経営がされていないと、クラスに秩序がなくなり、学習がうまく進みません」

　子供たちが望んでいるのは、担任が、早いうちに教室での仕組みやルールなどをつくって、次に何を行ったらいいかの予測ができる、安心した環境を整えてくれることです。
　そのために、１か月が必要なのです。

「3・7・30の法則」で1か月を明確にする

最初の1か月が重要だということはわかったかと思います。

しかし、その1か月をどのように組み立てていくのかついては、ほとんど明らかになっていませんでした。

それは、学級経営は、あくまでも授業をしていくための補助的なものだという発想しか現場にはなかったからだと思われます。

私は、この1か月はもう少し構造的に組み立てなければならないと強く考えました。そこで、次のような法則を考え出しました（*註2）。

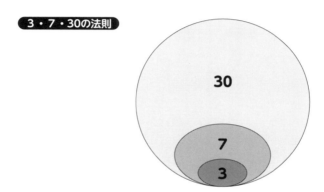

3・7・30の法則

・「3」は、出会いの3日間。野中先生が担任になって良かったなと子供が思える印象を与える。
・「7」は、仕組みづくりの7日間（1週間）。これから過ごしていく1日の流れを仕組みとして組み立てる。
・「30」は、できあがった仕組みを繰り返して定着させる30日間（1か月）。

3、7、30の役割をそれぞれ構造的に考えて取り組もうとする法則です。これでさらに「勝負の1か月」の内訳が明確になりました。

「3・7・30の法則」で最も重要なこと

　左に挙げた法則で、どこが一番重要なのでしょうか。

　法則化運動を知っている先生なら、代表の向山先生が提起された「黄金の3日間」を挙げるでしょう。

　この3日間は、どんな子供たちも担任の自由になる時間だというので、この3日間に授業を始めることを推奨されました。しかし、この時間は、担任にとっては、それこそ分刻みの忙しい時間です。

　大掃除、教科書を取りに行くこと、学級指導、学校行事など目白押しで、とても授業など入れる時間はないはずです。無理をすることはないのです。だから、この時間は、「野中先生が担任になって良かったな！」と子供たちに印象づけることだけに専念すればいいのです。

> **1か月の中で重要なのは、繰り返しの「30」。**

　1週間でできあがった仕組みは、まだつくったばかり。子供たちは、前年度の学年の仕組みに慣れているため、新しい仕組みには抵抗があります。

　そこで、新しい仕組みは、繰り返して丁寧に定着させていく必要があります。一日の流れ（朝自習→朝の会→1時間目の授業……→給食→掃除……→終わりの会）が、きちんと決まると子供たちはとても安定してきます。

　繰り返しますが、この1か月でやるべきことは、担任と子供たちとの **「関係づくり」**、1日の流れが定着する **「仕組みづくり」**、そして学級のルールをつくる **「集団づくり」** なのです。

　この3つをつくるために最初の1か月があるのです。

＊註1：『世界最高の学級経営』（ハリー・ウォン／ローズマリー・ウォン著、東洋館出版社）
＊註2：くわしくは拙著『学級経営力を高める3・7・30の法則』（学事出版）を参照してください。

子供の「エ」音に注意する

「群れ」を学級にしていく！

　子供たちが教室で最も願っていることは、**「安心感」**です。だから、学級経営は、ここを中心に実践していかなければなりません。

　担任が、この「安心感」を教室で保障してくれると、8割の多数派の子供たちは、担任についていこうという気持ちになっていきます。

　なぜ「安心感」なのでしょうか。

　今どきの子供たちは、同じクラスになっただけでは、仲間だと思いません。

　だから、同じクラスに子供たちが集まっていても、「学級」になっていません。「群れ」の状態です。

　そのために、担任は、この「群れ」を学級にしていく必要があるのです。

教室実践の現在

意欲

所属感

安心感

「エ」音を遮断して、大成功を収める!

4年生の初任の先生のクラスで困った事態が起きました。

子供たちがお互いに汚い言葉を使って罵り合い、もめごとになることが多いと相談を受けました。子供たちが「ただの集まり」の状態のときには、どうしてもこうなるものです。

これを放置していけば、さらにエスカレートして全体が弱肉強食の世界になっていく恐れがあります。

そのときの注意点は、やはり汚い言葉なのです。

クラスの中で、語尾に**「エ」音**が飛び交うようになったら、注意信号が点滅しているとみなければなりません。

「うるせえ〜」「めんどくせえ〜」「うぜえ〜」「死ねえ〜」……というように語尾が「え〜」となる言葉を「エ」音と言います。

この「エ」音は、**コミュニケーションを遮断する言葉**です。日常簡単に使っている、これらの言葉は、使われるごとにクラスの雰囲気を悪くしていきます。

初任の先生には、学級会を開いて、子供たちに**「気持ちが明るくなる言葉」**(幸せ言葉)と**「気持ちが暗くなる言葉」(不幸言葉)**を出させる話し合いをしたらいいと助言をしました。

そして、**「不幸言葉のないクラスにしよう」とクラス目標(目標達成法)で取り組んでいけばいい、**と伝えました。

この取り組みは大成功を収めました。目標を達成して、学級のもめごとがぐっと減っていきました。

クラスがうまく軌道に乗ってきたのです。

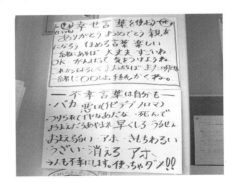

8 いじめ指導の手立て

いじめ指導は、生活指導の最大のテーマ

　「いじめ」をどのように防いでいくかは、生活指導の最大のテーマです。実際には、防ぐことができず、どんどんいじめが増えていく状況を生み出していることはすでに第2章末のコラムで書きました。多くの子供たちは、これを恐れています。

　だから、担任が、いかにいじめを防ぐ手立てを持っていて、いじめに対応しているかは、クラスに「安心感」を生み出す大きなテーマになります。

いじめ指導の4ステップ

　いじめに対しては、さまざまな手立てが提起されています。

　しかし、一向にいじめは減りません。いじめ防止は、いかに大変なことであることかをまず理解しておかなくてはなりません。

　いじめは、どんなクラスでも起こります。クラスが荒れてくるといっそう深刻ないじめが起こります。

　そういう中で、大切なことは、担任の心意気なのです。「絶対にいじめは許さない！」という気持ちをどのように子供たちに伝えるかが

いじめに対するブレーキになるのです。

　そこで、このような実践をします。

　クラスが軌道に乗ってきて、一段落過ぎた頃に、子供たちを教卓の周りに集めて絵本を読み始めます。

①絵本『わたしのいもうと』（松谷みよ子文、偕成社）を読む

　この本は実話です。松谷みよ子さんのところに届いた手紙を絵本の形にしたものです。転校先で、主人公の妹はいじめにあい、登校できなくなりました。そして、最後には亡くなるという悲劇なのです。

　静かに読んであげます。悲劇の場面では下を向く子供たちもいて、シーンとなります。そこで、「自分の席に戻ります」と言います。

②一人ずつ作文を書く

　「悲しいお話です。この話はほんとうにあったことです。この絵本を書いた松谷みよ子さんのところに、『私の妹の話を聞いてください』という手紙が届き、このような絵本になりました」

　「皆さんは、この絵本の話を聞いてどう思いますか？」

　それだけ話して5分間だけ作文を書かせます。

　この作文は大切に保管しておきます。

③「今までいじめをやった人？」と聞く

　机に顔を伏せさせます。

　「2つだけ聞きます。正直に答えてください。1つ目です。先ほどの絵本に出てくる人は、いじめをされた妹といじめをやった人たちです。みなさんは、いじめをやった人たちになりたいのか、なりたくないのか聞きます。絶対になりたくないという人？　はい、わかりました」

　「もう1つ聞きます。正直に手を挙げてください。今までちょっとでもいじめをやったことがある人？　手を挙げた人は、とても正直で、

勇気がある人です。その人に言います。もう二度といじめはやめなさい。こんな悲しいことにならないように、いじめをやってはいけません。

④いじめは絶対に許さないことを宣言する

机から顔を上げさせます。

「先生は、絶対にいじめを許しません。また、小さないじめでも必ず見つけ出します」と最後に話をします。この宣言をして終わります。

この４段階指導は、いじめへのブレーキの役割をすることは確実です。しかし、いじめはなくなりません。そんな簡単なことではありません。

いじめを見つける方法を持っておかなくてはなりません。

一番マークしておかなくてはならない子供は、休み時間などに一人ぼっちになる子供です。休み時間には教室で一人ぼっちで本などを読んでいる子供がいないかどうかに注目しておく必要があります。

６年生のクラスでいじめが起きました！

私が最後に勤務した学校で６年生の担任をしたとき、いじめが起きました。授業の最中に私も気になっていました。

一人の女の子が時々鼻を気にして触っているのです。

私は迷いました。注意をすべきかどうか。どう注意すべきか。

迷っているうちに、一人の女の子がそっと知らせてくれました。

「先生、男の子たちがＡさんがいつも鼻くそをほじっているってうわさして、汚い汚いって言いふらしています！」と。

私はとたんにピンときて、「ああっ、遅かった！」と悔やみました。すぐに、クラスを自習にして、多目的室に男の子たち全員を集めました。

男の子たちは何だろうという顔をしています。

　事実を静かに話しました。その女の子は、鼻の調子が悪くて、ついつい触っていたことを伝えました。

　途中から声色を変えて（演技ですが）、「私は、学期の最初に『いじめは絶対に許さない。必ずいじめは見つける』と言いました。これは、いじめではないのか！」と叫んだのです。

　男の子たちはびっくりして顔色を変えました。

　「正直に聞く。これはいじめだと思っていた人？」

　ほとんどがいじめだという認識はないということでした。

　私は周りに男の子たちを集めて（２ｍ以内に）、持ってきた『わたしのいもうと』をもう一度読みました。

　「この中のいじめの加害者に君たちはなりたいのか？」

　「なりたくないと思う人？」

　全員が手を挙げました。

　「この本は、学期の最初にも読んで、皆さんの感想がここに書かれています。それを渡します」

　一人ずつ渡し、その感想を読ませて、

　「ここに書いてあるのはうそだったのですか！　みんなはそんなにいい加減な人間なのですか！」と尋ねます。男の子たちは、下を向いたままで何も語りません。反省の様子を示しています。

　「わかりました。改めて自分の決意をこの作文用紙に書いてほしい。教室に帰っていい！」

　これで終わりました。

　ぱたりといじめがなくなりました。

　知らせてくれた女の子に私は感謝しました。

　私は、男の子たちの動向をチェックできなかったのですから。

COLUMN

学級変貌論ノート③
先生たちが悲鳴を上げている

❗ 身近で起こった気になる事例3つ

　身近で見聞きしたことで気になった3つの事例があります。

　1つ目は、初任者のことです。Y市では、数年前に1年間に44名の初任者が辞めました。多分、その数の3倍、4倍が学級崩壊にあっていたのではないかと予想されました。

　大学出たての初任者が、すぐには学級を担任できなくなっている事態が進んでいるのではないかと思われました。もちろん、都市部でのことです。そのための初任者指導がまったく機能していません。

　初任者指導で最も大切なのは、4月の1か月の間にきちんと「学級をつくる」ことができるかどうかなのです。きちんと学級ができた段階で、その上に授業や生活指導などが成り立っていくのです。

　ところが、指導教諭は、「学級をつくる」指導をせずに、最初から授業、授業と指導していくのです。初任者が、学級の一日の流れをつくりあげるのに精一杯の時期に、授業の発問は？単元構成は？などの指導をしています。

　ずれまくっています。そのために、学級がうまく軌道に乗れなくて、崩壊状態になっていきます。その原因の1つが自分の指導にあるというのが指導教諭にはわかっていません。初任者は悲鳴を上げています。

　2つ目は、ほかの学校へ異動していく先生の問題です。その先生は、こちらの学校では、高学年担任を長く続けてきて、崩壊立て直しの先生

とも言われてきました。その先生が、ほかの学校へ異動します。

　その学校では喜んで、「待ってました」と一番大変な高学年を担任させます。その学年は、今まで崩壊続きで、その学校の先生たちは担任をしたがらないわけです。仕方なく管理職は、異動してきた先生たちを、その学年の担任にしていきます。

　その先生たちも、自信満々で担任をします。受け持ったら、子供たちがあまりにもひどいので、「私が変えてやる！」という勢いで厳しい指導を続けます。

　子供たちから猛反発を食らい、クラスが動かなくなり、その先生はうつ病になり、休職という事態を迎えます。今まで身に付けてきた自信がずたずたに引き裂かれてしまうのです。

　子供たちの様子を見ながら、少しずつ変えていく指導をしなければならなかったのです。その自信がかえって仇になっています。

　こんな異動する先生たちが、悲鳴を上げています。

　３つ目は、学級崩壊予備軍の問題です（p.103の「静かな学級崩壊」を参照）。学級がうまく軌道に乗らなくて、もめごとばかりが起こり、担任はその対応に追われて１年を過ごしてしまうことになります。学級がまとまることもなく、ずっと群れの状態で過ごします。

　ただ、学級崩壊という事態にはならず、授業だけはなんとか成立していきます。今、こういう学級が、増えていると聞いています。

　私は、この学級崩壊予備軍の問題が現在の大きな問題だと感じています。担任は毎日事態収拾に追われ、どんどん疲弊していっています。このことは担任の学級経営の問題として本書で展開しています。

❗ ゲーム感覚で学級崩壊を起こしていく！

　もう１つだけ深刻な事例を紹介しましょう。

　これもある地方の困難校で起こった事例です。

　あるベテランの教師が、その困難校へ異動になりました。

6年生の担任になりました。始業式の次の日から事件は起こりました。ある1人の男子が、机から筆箱をバタンと落としました。

　その合図で、7、8人の子供たちがバタン、バタンと筆箱を落とし始めたというのです。担任はびっくりして叱りつけたらしいのですが、子供たちは笑っているのです。

　その日から、そのクラスは学級崩壊が始まったと言います。

　同学年に、その子たちを5年時に担任していた先生がいて、そのクラスの内情を調べたということ。

　それによると、始業式が終わった日に、ある1人のやんちゃな子が中心になり、7、8人のやんちゃな子たちと集って、「あいつ、気に食わないから辞めさせようぜ！」「明日俺が筆箱を落とすから、その合図でみんなも落とせよ！　叱ったら笑おうぜ！」となったらしいのです。

　その学年は、前々から担任が辞職することが多かったらしいのです。

　さらに、調べていくと、なんと数人の保護者もこの試みに加担し、裏から糸を引いていたらしいことがわかったということ。

　何せその担任は、異動してきて2日目です。子供たちも、その担任がどのような教師なのかもわからない中で、やんちゃたちは、こうして学級崩壊の策動を始めたのです。

　その先生は、その子供たちと距離をおいて、周りの先生たちの助けを受けて、何とか1年間を凌いだということでした。これも極端な事例として受け取られると思われます。しかし、こうしたことが現実には進行しています。

　注目すべきは、やんちゃな子供たちは、ゲーム感覚で学級崩壊を起こしているわけです。担任は、命がけの対応になるのですが、やんちゃな子たちにとっては、ゲームなのです。

　そのゲームを成立させるために何をするかを試みているわけです。こんな現象がこれからどんどん起こってくるのです。

第**4**章

なぜ教師と子供の
「関係づくり」が
大切なのか?

1 まず「教師と子供の関係づくり」が必要

困った子供たちに悩んでいる！

　今、先生たちが一番悩んでいることは、子供たちとの「関係づくり」です。これは、すべての先生方にあてはまるのではないでしょうか。ことは、そう簡単なことではありません。

　実際に、先生たちが悩んでいるのは、困ったことばかりをするクラスの超やんちゃＡ君であり、不登校になりがちなＢさんであり、授業中おしゃべりばかりする発達障害のＣ君であり……、と個性的な子供たちとの関係づくりです。

　あるとき、学年主任でもあり、ベテランの先生が受け持つクラスから超やんちゃなＡ君が、転校することになりました。担任のベテランの先生であっても、「うわぁ～うれしい！」と叫びたいほどでしたが、そんなことはできません。

　ひそかに「これで私のクラスは良くなるわよ」と喜びを噛みしめながら同僚の先生に伝えました。Ａ君には手を焼いていて、クラスを混乱させる原因の一人だったからです。

　Ａ君は、転校していきました。

　それから１か月後、同僚の先生は、主任の先生に聞いてみました。

　「先生、Ａ君がいなくなって、クラスはすっかり落ち着いたでしょ

う？」。ところが、その先生の顔色がすぐれません。「A君がいなくなって良かったと思ったんだけど、また困った子供が出てきて、クラスを混乱させるのよ」と。

こういう例は多くあります。

また、「あの先生が受け持ったら、いつもクラスが落ち着かなくなるのよ！」とうわさされる先生もいます。

初任者のクラスだけでなく、ベテランの先生のクラスでも落ち着かなくなることはあります。

何が問題なのでしょうか。

「関係づくり」という概念がない！

超やんちゃなA君も、不登校気味のBさんも、発達障害のC君も、確かにクラスが荒れていく原因をつくっていく傾向を持っています。

ところが、別の先生が受け持ったら、その子たちがすっかり変わっていったという場合もあるのです。

何が違うのでしょうか。

担任の、その子供たちへの「関係づくり」です！

超やんちゃなA君が転校して、すっかり落ち着くと思っていた主任の先生のクラスが1か月後にはまた新しい「困った子供」が出てくるのは、その先生の子供たちとの「関係づくり」に問題があったからです。その先生には子供たちとの「関係づくり」に対する概念がないのです。

その子たちが悪いのだという考えにこり固まってしまっていて、自分の「関係づくり」にこそ問題があるのだという発想にいたらないということです。

2

「関係づくり」の基本は、縦糸・横糸張り

教師という立場は、２つの関係づくりが必要

学級経営で肝になることは、シンプルに言えば「関係づくり」なのです。

学級経営の中心が、子供たちとの関わり方にあることには誰もが納得します。

それでは、教師は、子供たちとの関係をどのようにつくっていけばいいのでしょうか。

教師には、特別な「関係づくり」が求められます。

そう言っても、普通の人にできないむずかしいことではありません。

教師という立場には、「教え導く立場」と「心を通わせ合う立場」の２つが必要になります。 ともすれば、この２つは矛盾する場面が出てきて、戸惑うことがあります。それでも、この２つの立場がないと「教師としての仕事」ができなくなります。

たとえば、初任の先生の多くは、最初に子供たちと良い関係を築き、友だちのような親密な関係になりさえすればうまくいくだろうと思っています。だから、「心を通わせ合う立場」だけで子供たちと関わろうとします。これを**「仲良し友だち先生」**と呼んでいます。

しかし、それだけではうまくいきません。

子供たちが教師を歓迎するのは、最初だけ。すぐにクラスはにぎやかになり、5月、6月には荒れていくという状況に陥ってしまいます。

　「教え導く立場」で子供たちと関係をつくることを怠っているために、一部のやんちゃな子供たちに勝手に振る舞われてしまうのです。その収拾に毎日追われて、クラスを安心・安全な、落ち着いた状態にすることがもはや後回しになっています。

　だからこそ、学期の最初から、この2つの「立場」が必要になるのです。

織物モデルで「関係づくり」をする！

　この2つの立場を、**「縦糸」**、**「横糸」**とします。いわゆる**「織物モデル」**の関係づくりです。

　横藤雅人先生が提案されたもので、私は、それに共鳴して2人で本を出しました（『必ずクラスがまとまる教師の成功術！』学陽書房）。

　「縦糸・横糸」張りで子供たちと「関係づくり」をするのです。

　この考え方は、今では、実証研究として認められるほどになっています（森田純・山田雅彦「学級経営に影響を及ぼす教師：児童関係に関する質問紙調査」教育学研究年報第32号）。

　この論文では、「個々のルールの徹底という形で上下関係を確立してから仲の良い水平関係を確立してゆく指導重視型の学級経営の方が児童の社会性の向上、ひいては順調な学級経営に有効である可能性を示唆したものとみなすほうが矛盾が少ない」と指摘されています。

　その織物モデルの「関係づくり」について横藤先生は、次のように紹介されています。それを引用しましょう（『教師教育』創刊号2014年、さくら社）。

　横藤先生は、まず次のように提案されます。

　「この困難な時代を乗り切るには、豊かな実践を展開できる新たな教育モデルで子供や教育をとらえ直さなくてはならない。では、どん

なモデルで考えれば良いのだろうか。

その答えが、『織物モデル』である。

織物は縦糸と横糸でできている。学校現場になぞらえると、『縦糸』が教師と子供との上下関係、『横糸』が教師と子供とのフラットな心の通い合いである。この異なるベクトルの糸を教師がいかに絡めてゆくか。その考え方と具体的な方法を示そうと思う」

「縦糸・横糸」張りの基本的な考え方

縦糸、横糸を張るとはどういうことなのでしょう。

それを横藤先生は次のように展開されています（『教師教育』創刊号2014年、さくら社）。

■教育は、縦糸を張ることから始まる。縦糸がなければ織物はできない。子供たちの前に立っただけで、子供たちが適度に緊張・期待するようでなければならない。子供たちに甘く見られてしまっては、学級をたばねることなどできない。

■縦糸の働きは「たばねる」ことである。年度初めに年度末を見通して張る。しかし、きつすぎてはいけない。横糸を通せる適度なすきまが必要だ。

■子供に対する直接的な働きかけだけでなく、環境を整えることや時間を守ること、服装や言ったことを守ることなども重要な縦糸である。それは「かくれたカリキュラム」として働く。

■学年末には、縦糸を断ち切らなければならない。そのときに、織物がばらけてしまうのなら、それは学級経営が失敗したということだ。

■横糸の働きは「つなげる」ことである。それは単に甘くすることではない。「ちょっと怖い」教師の思いがけず温かい言葉が、子供の心を動かし、つなげるのだ。

■横糸は、出会いの瞬間から別れの瞬間まで休み無く張る。最後に

見えるのは、横糸だけであるのが望ましい。

■まず、教師と子供の横糸を通す。それをモデルとして子供同士の横糸が通っていく。学級がまとまるとは、教師と子供、子供たち同士が信頼の糸で結ばれた状態である。

■縦糸と横糸はどちらが大事か。横糸である。3対7くらいで横糸を多く張る。

■縦糸、横糸共に張るためには保護者の理解と協力が不可欠である。

■織物は、子供一人一人皆模様が違う。その子だけの、その年だけの、世界でたった一枚の模様である。

縦糸・横糸の基本的な考え方が、ここにすべて込められています。

私が親しくしているベテラン中学校教師・山中太先生は次のように語っておられたことがあります。

「私は、『こわやさ』先生→いつもは怖い存在だけど、ここぞというときは優しい。『きびたの』先生→いつもは厳しいけど、授業が楽しい、昼休みは楽しい、笑いを提供する、と呼んでいます。

若い先生を見ていると、厳しくはしていますが、優しさを発揮するタイミングを逃しているように思います。

加えて、私は、何気ない瞬間（朝のあいさつ運動、昼休み、帰る途中、廊下ですれ違うときなど）に生徒を笑わせることをよくします。

『厳しさと優しさのバランス、怖さと楽しさのバランス』をとることが上手い教師は、生徒との関係づくりがうまいと思います」

みごとに縦糸と横糸を張っておられるのです。

学級経営がうまい教師は、このようなことをしているわけです。

3 「関係づくり」が壊れている

学級経営の崩壊は、「関係づくり」の崩壊

　2人のベテラン教師A先生、B先生の話です。

　2人とも、今まで学校を支えてきた中心メンバーでした。

　その2人のクラスが学級崩壊を起こしました。

　その先生方の学校は、もともと数クラスが学級崩壊を起こしており、不安定な学校でしたが、2人の学級崩壊で、もはや「学校崩壊」現象になっていった状況です。

　A先生は、ベテランの女性教師。今までずっと低学年ばかりを担任してきて、初めて5年生の担任になりました。

　B先生も、ベテランの男性教師。6年生を自ら希望して担任になりました。4年生のときに同じ子供たちを担任をしていて、そのときはうまくいきました。しかし、5年生になって5年生全体が荒れまくっていたので、何とかしたいという思いから、6年生の担任を希望しました。

　2人とも、今まで力量があると認められてきた先生であったため、若い先生たちの動揺は計り知れないものだったと思われます。

　こうしたベテラン教師による学級崩壊は、最近よく見聞きするできごとになっています。

高学年は特別な学年になっている！

そもそも学級崩壊の原因を一般化することはなかなかできません。そのクラスごとに事情が違ってくるからです。

それでも、このＡ先生、Ｂ先生のクラスの学級崩壊については、次のようなことがはっきりしています。

①Ａ先生の場合、今まで成り立っていた低学年での学級経営では高学年に対応できなかったということ。
②Ｂ先生の場合、４年生のときに成立していた学級経営が、６年生では対応できなかったということ。

このことから言えることは、次のことになると考えます。

４年生までと５、６年生は大きく違っている。

小学校では、高学年が特別な学年になっています。担任できる先生も特別な先生たちに限られてきています。

それはどういうことでしょうか。

今まで中堅やベテランを支えてきた学級経営（授業を含めて）が高学年の子供たちには通用しにくくなっている。

第４章末と第５章末のコラムで明らかにするように子供たちが変貌しています。

付け加えると学級経営は、ほとんど子供たち相手の「関係づくり」と言っていいもの。

学級経営の崩壊は、「関係づくり」の崩壊と考えられる。

4 学級崩壊の 特徴を考える

低学年、高学年の学級崩壊の特徴

　私が18年前に出版した本（『困難な現場を生き抜く教師の仕事術！』学事出版）では、学級崩壊について、次のようにまとめています。低学年と高学年では、２つのタイプがあるというものです。

（1）低学年型学級崩壊の特徴

　①クラスの中に２人ないし３人程度の〈問題児〉が存在している。席について学習ができないなどの問題行動を起こし、担任はその行動に振り回される。もぐらたたき状態になり、その対策に追われる。

　②低学年にとって一番大切な学習のしつけの習慣が不十分なために、全体的にざわざわしている状態になっている。教師が、そのための方法論を持っていない。

　③子どもたちへの作業や活動は数多く行われているが、それに対する個別評定がなされていない。ほとんどやりっぱなしか、機械的なマルつけに終わっている。

④担任は、学級の状態や子どもたちへの不満や愚痴を多く連発するが、どのような対策をとっているかが明確でない。

（2）高学年型学級崩壊の特徴

①学級がいつまでも〈群れ〉の状態のままで、〈集団〉になれない。担任が、**集団意識**をどのように高めていくかの方策がとれていない。

②だから、自分のクラスに対する〈誇り〉が持てず、いつも男女が険悪な関係にある。

③担任に対する反発意識が強く、担任と子どもたちとの〈通じ合い〉がない。

④知的な授業が行われておらず、ほとんど講義式の授業かあるいは〈活動〉だけのだらだらとした授業に終始している。

⑤崩壊は、**荒れの中心となる児童たち**が、その力をためこんで集団意識を形成し、学級の機能を意図的に崩壊することで起こる。

⑥その中心集団は、とても挑発的、暴力的であるために、その対象となる児童への〈いじめ〉を併発する。

⑦担任は、問題の児童の問題行動ばかりに目を向けるばかりで、対策が逆効果になり、さらに崩壊を深めていく。

18年前の学級崩壊の特徴としてまとめたものですが、低学年の学級崩壊は、次のようになります。

問題の子供たちによる「無意識的な」秩序破壊行動である。

一方の高学年の学級崩壊は、次のようにまとめられます。

問題の子供たちによる「意識的な」秩序破壊行動である。

この秩序破壊行動は、**「座る」「黙る」** という規律の崩壊を中心として起こったことでした。子供たちは、「離席」と「おしゃべり」を繰り返すことにより、学級は秩序を失い、壊れていきました。

新しい学級崩壊の姿とは？

この特徴が、今ではどのように変化しているでしょうか。

1つ目は、**「特定の子供から始まる学級崩壊」** の現象です（*註1）。

感情をコントロールできない子供がいます。激しい怒りや悲しみの感情を学級全体にぶつけます。徒党を組んで騒ぐわけではないのですが、ちょっとしたきっかけで感情が爆発します。周りは理由がわかりません。

担任は特別な対応を強いられるのですが、その不平等感でほかの子供たちが荒れ始めます。そして、学級崩壊に陥っていくわけです。

こういった子供は愛着障害の可能性がありますが、こういう子供が学級に複数いると担任はギブアップ状態に陥ってしまいます。

2つ目は、**「愛を渇望する学級崩壊」** の現象です（*註2）。

担任の先生と子供たちは仲が良いのに、荒れている学級です。

子供たちは、友だち感覚で先生と手をつないだり、先生のところにいつも集まって話したりしています。

一見うまくいっているように見えますが、子供たちの間ではもめごとが多く、「あいつむかつく」「みんなうざい」「死んでほしい」などの不満を担任にぶちまけます。

トラブルが起きると、感情をむき出しにして大騒ぎをしてみたり、

何時間も廊下に座り込んで動かなかったりします。

　特徴的なことは、個別対応では安定しているのですが、集団の中でとても不安定になっていくことです。

　担任と子供たちとの関係はうまくいっているのに、子供たち同士だともめごとが多くなるというのです。

　3つ目は、**「ゲーム感覚で学級を壊しにかかる」**現象です。

　これは、私が提起した高学年型の学級崩壊がエスカレートした現象としてみていいのだと思います。これは、第3章末のコラムで紹介しています。中村健一先生は、次のように書かれています。

　「子どもたちにとっては、学級崩壊はゲームである。担任を辞めさせれば、友達の中でステータスが上がる。いや、学校全体でも『先生を辞めさせたすごいやつだ』と一目置かれる。困難校というのはそういう所だ。学級崩壊は、教師にとっては死活問題。生活が、人生が、かかっている。まさに命がけ。しかし、子どもたちにとっては教師を辞めさせるゲームに過ぎない」（*註3）

　4つ目は、**「静かな学級崩壊」**という現象です（*註4）。

　授業が崩れるということはないのです。しかし、子供たちの反応がなく、叱ればその場は何とかなるのですが、また同じことをやり出します。しょっちゅうざわざわしていて、手紙回しをしたりして落ち着きません。積極的に抵抗はしないのですが、静かに無視をします。

　しかし、これは学級崩壊に含めていません。授業はできているのですから。これを私は「学級崩壊予備軍」のクラスと言っています。こんなクラスがとても増えているのです。

*註1・註2：『授業づくりネットワークNo.36』の「新しい学級崩壊の姿とは」（坂内智之先生）を参考にしました。
*註3：『授業づくりネットワークNo.36』の「『地下』に潜るしかない」（中村健一先生）
*註4：『授業づくりネットワークNo.36』巻頭座談会での谷和樹先生の話を参考にしました。

5 学級崩壊の筋道

学級崩壊の現在の4つのカタチ

　本章4で新しい学級崩壊のカタチを4つ提起しました。

　多くの学級崩壊は、1つ目の**「特定の子供から始まる学級崩壊」**です。クラスに発達障害、愛着障害の子供が複数いると、担任はその対応に追われて、ほかの子供たちの対応にまで手が回りません。その結果、学級崩壊になってしまう事例です。

　これは、もはや担任一人ではどうにもならない事態になっています。クラスに補助の教師がつくか、支援級に助けを求めるかにならないとやっていけません。校長判断が強く求められます。

　2つ目の**「愛を渇望する学級崩壊」**は、初任の先生のクラスや若い先生のクラスでよく現れる学級崩壊です。

　これは、担任の先生の「関係づくり」に大きな問題がある場合です。最初から子供たちと親密な関係をとることを優先して、クラスにきちんとしたルールや守るべき習慣などを身に付けなかったつけが、こうして出てきているのです。

　3つ目の**「ゲーム感覚での学級崩壊」**は、実はこれからもっとも警戒しなければならない学級崩壊のパターンです。困難校と言われる学校では、こんな子供たちが出てきています。自分たちで勝手にクラス

を動かしていきたいわけです。ほとんどの子供たちは、クラスに「安心感」を求めますが、この子供たちにそんな気持ちはなく、自分たちの自由にしたいという気持ちを優先します。どんな教師でも、手の施しようがありません。校長判断で、問題になる子供を、別教室で学習するなどの措置をとる以外に方策がなくなります。

4つ目の**「静かなる学級崩壊」**は、学級崩壊の定義には、当てはまらないカタチの学級崩壊です。とにかく1年を通して、ささいなもめごとが多く、クラスが落ち着きません。

授業は何とかなるのですが、学級が〈群れ〉の状態のままで推移し、集団化しません。これは、「関係づくり」に大きな問題があります。

学級崩壊の筋道

学級崩壊は、このようにさまざまですが、学級が崩壊していくパターンは似通っています。次のような筋道を通って、崩壊していきます。

（1）学級の中で、2、3人のやんちゃな子供が、秩序破壊行動をとり始める。

（2）担任は、その子供たちにかかりっきりになり、何とかその行動を抑えにかかる。

（3）2、3人のやんちゃな子供は反発し、さらに行動をエスカレートさせる。

（4）周りの子供たちを巻き込み、2、3人のやんちゃな子供と同行動をとる子供たちが、7、8人に膨れ上がっていく。魔の6月の時期である。

（5）この時期には、授業の始まりに5分程度かかることがあり、担任はモグラたたき状態になっている。学級崩壊の始まりである。

勝負は、（1）、（2）の段階

上に挙げたパターンで学級が崩壊していく場合が多いのです。

（5）の状態になったら、もはや手遅れです。この状態を回復させていくのは、かなりの困難さを伴います。

ましてや、初任の先生では、回復の手立てはほとんどありません。そうなった場合、担任交代くらいしか、しのぐ手はなくなります。

まだ何とかできるのは、（1）、（2）の段階です。

（1）、（2）の段階でどのように勝負できるかどうかが問題です。

学級崩壊する学級では何が失敗しているのでしょうか。

① 「学級づくり」を間違っている（第3章4、5参照）。
② 最初の手立てが失敗している。

②の「最初の手立て」の失敗は、あとあとまで引きずります。

学期始めに担任が行うことのほとんどは、次のことになります。

指示をする

学期始めは、子供たちは、すべて担任の指示のもとに動いていきます。この指示がうまく子供たちに伝わるかどうかが、ここからの「学級づくり」においての勝負の分かれ目になります。

担任の話を聞くための約束をきちんとする！

学期始めには、最初に次の2つのことをきちんと実践しなければなりません。

（1）担任の話を聞くための約束を身に付けること。
（2）「指示―確認―フォロー」の原則を実践すること。

　（1）の担任の話に耳を傾ける約束がきちんとできていなければ、教室は崩れていきます。その約束を学期の最初にどのように子供たちに伝えていくか、なのです。

①これから先生と友だちが話すときには、黙って耳を傾けます。おしゃべりをしたり、手いたずらをしたりして、聞いてはいけません。

このように指導します。これはほとんどの先生が最初に指導することです。最初に１回だけ指導すれば、子供たちは話を聞くものだと勘違いする先生もいます。必ず、次のことを付け加えなければなりません。

②これから先生が話しますから黙って聞きます。最後まで聞いて、質問があったら最後に質問します。

私の場合は、続けて次のことも付け加えました。

③でも、最後まで待てなくてどうしても途中で質問しないと忘れてしまいそうなときがあります。そのときは、手を挙げなさい。特別に当てます。

　２つの付け加えは、「ぺらぺら」と勝手に話してしまうやんちゃな子向けの対応です。これを放置していくと、自由勝手に話し出す雰囲気をつくり出してしまいます。「ぺらぺら」と話し出したら、「手を挙げなさい」と叱らないで注意できるのです。

　これを１か月ほど続けます。なかなか「ぺらぺら」は収まらないのですが、学級全体は、落ち着いて話を聞く状態にだんだんなっていきます。それから指示を出します。

学級変貌論ノート④
子供たちの変貌(1)

❗ 価値観が〈善悪〉から〈快・不快〉に変わった!

小学校の現場で担任をしながら、37年間の教師生活を送りました。もう退職して長い時間が過ぎたのですが、今でも現場で過ごしている当時の状況を思い出せば、苦虫を噛みつぶしたような思いにとらわれます。忙しさだけが増し、先が見えない大きなブラックホールの中で、モグラたたきをやっている感覚に襲われるのです。

私の37年の教師生活で確実に言えることは、子供たちの変貌です。その変貌は大変なものでした。

確実に子供たちが変わり始めたのは、1980年代に入ってからでした。どのように変わっていったのでしょうか。その変わり方を言葉にできるようになったのは、退職間近のときでした。

子供たちは、行動を決定していく価値観を〈善悪〉から〈快・不快〉へと変えていった。

端的に言えば、こういう言葉にまとめられます。

もともと学校は、〈善悪〉という価値観によって成り立っています。

ところが、今では、教師が、「そういうことは高学年として恥ずかしいことでしょう!」「そういうことは人としてやってはいけないことでしょう!」と善悪の価値観を子供たちにぶつけても、まったく子供たちの心の中に入りません。

反対に、子供たちは、「うぜえ〜」「めんどくせえ〜」「むかつく」などの言葉を連発し、反発します。そこには何があるのでしょう。

子供たちを支えている感覚（価値観）が、〈快・不快〉の基準で成り立っているのです。

　そう思って子供たちを眺めると、やっと理解できるようになりました。
　「どうしてこんな馬鹿なことをやるのだろうか？」
　「どうして私たちの言うことが通じないのだろうか？」
　「当たり前のことをなぜ子供たちはわからないのだろうか？」
　私たちが愚痴をこぼさずにいられないことは、〈善悪〉の価値観を前提にしての言葉なのです。ところが、子供たちは、もうそんなところにはいないのです。ここが、子供たちの大きな変貌です（もちろん、全部の子供ではなく、一部の子供です）。
　しかし、しかしです。〈善悪〉の価値観を前提にしない学校が、一体成り立つものでしょうか。〈良い・悪い〉をきちんと教えない学校などあり得るのでしょうか。

❗ 消費を美徳とする社会への転換

　1970年代の初めに、日本では大きな転換がありました。60年代から始まった高度経済成長が、70年代の初めで終わりを迎えました。その終わりとともに、日本では、新しい社会が実現していきました。それは、〈生産〉を中心とする社会から〈消費〉を中心とする社会への転換でした。いわゆる消費資本主義社会の誕生です。
　この社会の実現が、子供たちをも大きく変貌させていった正体であると、私は考えています。
　高度経済成長期の日本人は、物質的に貧しい生活を抜け出すために、物を大切にし、こつこつみんなで一生懸命働きました。電気製品をつくり、車を生産し、道路を舗装し、ビルを建て、……日本の経済の発展の

ためにがんばりました。

　だから、「物を大切にしよう」「我慢しよう」「一生懸命がんばろう」
という言葉も、子供たちに確実に届けることができました。

　ところが、消費資本主義は、「消費する」ことを美徳とする社会の実
現でした。

　物を大切にしよう→どんどん新しいものに変えていこう

　我慢しよう→できるだけ便利なものを使って快適に過ごそう

　一生懸命がんばろう→労力少なく過ごそう

　このような社会への転換が図られていきました。

❗ 消費によって、人間関係がつくられる

　消費資本主義社会とは、いったいどんな社会なのでしょうか。

　それは次のように定義されています。

「人間関係が、消費によって作られることが基調になった社会」（『**消費
の正解**』（松原隆一郎・辰巳渚著、光文社）

　特定の消費行動をとることによって、「自分はこういう者だ！」と表
現していく社会ということになります。この社会の実現によって、子供
たちの社会も大きく変わりました。

　たとえば、子供たちが、友だちの家にみんなで集まって、思い思いに
持ってきた〈ゲーム機〉で遊んでいる状況。今ではありふれた光景です
が、ゲーム機を持っていないものは、はじかれます。

　その遊びで優位に立つのは、その遊び道具に精通している子供で、決
して、性格などが問題ではありません。遊ぶ趣味が同じであるかどうか
なのです。

　だから、友だち同士として人間関係が深まるというのはありません。
人間同士として関わっていないのですから。あくまでも「遊び道具」を
介しての関係でしかないのです。

第 5 章

「日常授業」を
改善する

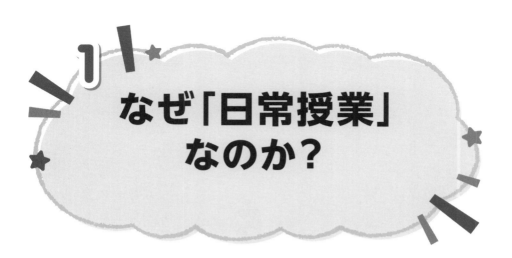

なぜ「日常授業」なのか？

「日常授業」が埋草になっている！

「日常授業を大切にしたいですよね？」と問いかけると、それに反対する先生は一人もいません。必ず、「大切です！」と返されます。

でも、その先生たちが、明日からの「日常授業」を意識されるかというと、そうはいきません。それは、先生たちの「日常」を見ていればわかります。

毎日、5、6時間の授業をしなければなりません。

小学校は、ほとんどの教科を教えなければなりません。それに高学年は、英語も加わりました。

勤務時間の中で、その1時間1時間を教材研究しながら授業をするという時間確保はできないのです。

だから、先生たちの多くは、赤刷りの指導書で確認しながら授業をしています。慣れてきたら、授業の中で指導書を見ながら授業をしています。

ここには、「日常授業」を大切にするという発想はありません。ないというよりこのような発想になりようがないくらい時間に追われているのです。

1時間1時間は、とにかく時間を埋めていけばいいという発想に

なっているはずです。本務のはずが、「雑務」になっているのです。

「日常授業」は埋草になっている。

　決して批判的に書いているわけではありません。「現実」は、こうならざるを得ないようになっているのです。

「日常授業」が大きな危機を迎えている！

　研究授業のときは、しっかりと教材研究をして臨みます。

　テーマに合わせてどう展開するかを考えます。これはこれで良いのです。その教材研究で身に付けることはたくさんありますから。

　だが、問題は明日からの「日常授業」。

　元どおり、赤刷りの指導書を斜め読みしながらの指導に戻ります。そして、教え方も、今まで身に付けた慣習的な方法。

　指導に熱心な先生たちは、テーマに合わせた取り組みを進めていきます。でも、それはほんの一握りの先生方でしょう。大半の先生方は、今まで身に付けた慣習的な方法です。

　今までは、それで何とか成り立っていたわけですから。毎日の「日常授業」を何とかしようという発想にはなりようがありません。

　それでも、なぜ「日常授業」なのでしょうか。

　それは、日頃の指導方法が、大きな危機に陥っているからです。まだ多くの先生方は、それを自覚されていません。

　「日常授業」が学級崩壊の原因の１つになっているという意識にはなりようがありません。

　問題は、学校の「日常」を支えてきた授業が大きな危機を迎えていると、私たちは認識していくべきです。

　これをどうしていくかが問題になるのです。

2 「日常授業」が学級崩壊を引き起こす

7、8割の先生たちの授業の傾向とは？

　退職して7年間の間に、2000人以上の先生方の授業を参観しました。公開授業研究のときもありましたが、通常は、日常の授業を見せてもらいました。ほんの5、6分です。

　当然、先生たちが行うのは「見せるための授業」です。

　だから、見る視点を変えました。

　その先生の授業力が集中する視点（その先生は意識していない）で授業を見て、日頃の授業を見抜こうとしたわけです。

　そういう工夫をして、各先生方の授業を見るようになって、気づいたことがありました。

　7、8割の先生方が、ある傾向の授業をしている。

　「これが、学校で長年行われてきた慣習的な教え方なんだ！」と。

　どんな授業だったのでしょうか。

「おしゃべり授業」をしている！

①授業の多くを「おしゃべり授業」で行っている。

　「おしゃべり授業」とは、私たちがつけたネーミングです。授業の

ほとんどを、発問か指示か説明かわからないような教師の「おしゃべり」で通しています。

　もちろん、授業にはスピードやテンポがなく、だらだらと進みます。また、空白の時間も多く、ノートなどに書く時間や話し合う時間も長すぎます。

②特定の子供だけ（３、４人）がよく発言する。

　授業のほとんどを「挙手指名型授業」で行っています。「おしゃべり」の途中で、時々発問をし、いつもの３、４人が答えて、次に進んでいく授業です。子供の発言や活動に対するフォローは一切ありません。

③ほとんどの子供たちが傍観者になっている。

　だから、多くの子供たちは、つまらないのです。ずっと先生が話しています。それを聞くだけの授業ですから。

　なぜ、こんな授業になるのでしょうか。それは、はっきりしています。先生たちの多くが行っているのは、**「日常授業」をこなしていくために身に付けた授業法**であるためです。このような授業は、ほとんど授業準備をする必要がありません。赤刷りの指導書さえあれば、何とかなります。

　一番手軽であり（ほとんど授業準備をすることなく）、毎日を乗り切っていくのに最適な方法だったのです。

　ただ、先生たちは、自分ではそんな授業をしているという自覚はありません。問題はそこです。

　ある親しい先生が教頭に昇任して、学校の先生たちの授業を見て回れるようになったときに、私にメールで報告されたことがありました。

　「野中先生、全部のクラスをちょこちょこ見て回るのですが、驚くことにほとんどの先生が『おしゃべり授業』をしているのですよ。野中先生が言われたとおりでした。驚きました」と。

「おしゃべり授業」が学級崩壊を引き起こす!

こうした「おしゃべり授業」にどんな危機が訪れているのでしょうか。今までは、子供たちは「授業とはこんなものだ!」と我慢して従っていました。

ところが、子供たちが変わってきたのです(第4・5章末のコラム参照)。

以前(3、40年前)は子供たちに、学校へ来る前から教師に対する「縦糸」意識があり、学校では自然と教師と生徒の上下関係ができあがっていました。

だから、あえて縦糸を張る必要はありませんでした。

この意識が変わったのです。

権利者意識が肥大し、価値観が多様になりました。

子供たちは、深くその影響を受け、消費者感覚でものごとに対処するようになりました。学校でも、その影響が表れています。

一部のやんちゃな子供たちは、自己中心的な言動や享楽的、差別的な言動で、教室内をかき乱し、それを止めようとする教師に対して平気で反発を繰り返します。

毎日の授業でも、自分に合わないと思ったとたん、「つまんねえ～」「めんどくせえ～」と投げ出していきます。それは、今まで書いてきたとおりです。

繰り返しますが、多くの教師は、このような状況を、その個々の子供たちの問題としてとらえています。

現象的には、確かにそのとおりです。

でも、この問題は、毎日の「日常授業」に原因の1つがあるととらえなければ、学級崩壊はどんどん拡大していくのです。

「おしゃべり授業」が学級崩壊を起こす

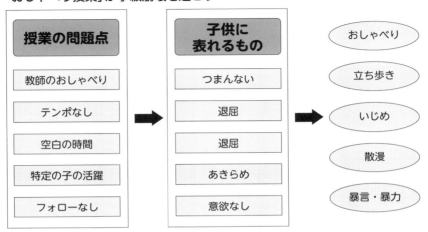

多くの先生方の「日常授業」は、このような状況を引き起こしています。私たちが、なぜ「日常授業」にターゲットを絞って、それを改善しなければならないと強調しているのか、その意味を理解してもらえるでしょうか。

今までの学校現場は、「ごちそう授業」を目標として追究してきました。「ごちそう授業」とは、多くの時間をかけて教材研究をし、精一杯の準備をして授業をつくることです。

もはや、それでは現場で起こっている肝心の問題点を克服できなくなっているのです。

3 授業の構造を考える

授業構造は4段階になっている!

　先生たちが慣習的に身に付けてきた授業法を問題にする前に、「日常授業」がどのような構造をもっているのかを考えていきます。

　授業の構造は、下のような図になります（*註）。

　多くの先生たちは、一番上段の「教科指導」を授業だと考えています。

　しかし、子供たちは、そのことだけを授業で受け取っているわけではありません。

　「授業運営の技術」（授業の進め方）も影響を与えます。

　さらに、授業の中で展開されていく「学級経営」も厳然としてありますし、授業の中には、その先生の人間性や専門性も深く刻まれていくこともあるわけです。

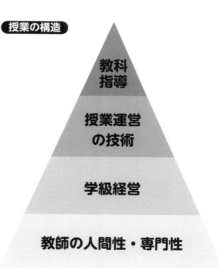

授業の構造

教科指導

授業運営の技術

学級経営

教師の人間性・専門性

子供たちが受け取っている授業の姿

子供たちは、どのような形で授業を受け取っているのでしょうか。

①**教科指導**……その時間の学習として受け取っている。普通に展開されている見たままの授業の形である。

②**授業運営の技術**……その先生の教え方。子供たちは、どんな教え方をされるのかと値踏みしながら受け取っている。

③**学級経営**……先生との応答などで、「ほかの子からどう思われるだろうか？」「これからどのように授業を受けたらいいだろうか？」などを気にしながら授業を受けている。

④**教師の人間性・専門性**……「先生の話し方はおもしろいなあ」「先生はよく知っているなあ」と感心していれば、「この先生についていこう！」と考える。

また、「おもしろくない先生だな。つまんないや。テキトウに付き合おう」「ちょっと困らせてやろうかな！」などと考える。

**　先生方は、「教科指導」だけをしているつもりになっていますが、実際の授業では、この４つの要素を含みながら展開されていくことになります。**

この４つの要素を意識していないために、実際の「日常授業」では、第５章２であげたような「つまらない」「退屈」「あきらめ」「意欲なし」というような気持ちを子どもたちに引き起こしているのです。

＊註：この授業構造は横藤雅人先生から教えてもらったものです。

4 「おしゃべり授業」を まずやめる

教師はなぜこんなにしゃべるのか？

　先生たちの７、８割が「おしゃべり授業」をしていると書きました。ほとんど無自覚的になされています。

　自分がこんなにしゃべっているという自覚がありませんので、直そうという発想は出てきません。ましてや、自分の授業が、学級崩壊につながっているという意識にはなりようがありません。

　もう一度、「おしゃべり授業」の特徴をまとめます。

　①授業の８、９割は教師がずっと話している。

　②発言は、いつも特定の子供たち。

　③大半の子供たちは、傍観者。

　なぜ、こんなに教師はしゃべりっぱなしになるのでしょうか。

　ア　教えるべきことをとにかく伝えておかなくてはならないという使命感から。

　イ　じっとしている時間が不安だから。

　ウ　学習塾や高校の授業が刷り込まれているから。

　ウは、私の予測です。学習塾や高校の授業の記憶があるために、「授

業とはずっと教師がしゃべっているものだ！」という授業観やイメージが刷り込まれている可能性です。

初任者のほとんどが、最初は「おしゃべり授業」をします。

初任者指導では、そこから脱却することを教えなければなりません。その脱却を初任の間にできないと、ずっと「おしゃべり授業」が続いていくことになります。

「おしゃべり授業」をどう克服していくか？

「おしゃべり授業」を克服していくには、どんな手立てが必要になるのでしょうか。

まず、自分が授業でいかにしゃべってばかりかということに気付かなければ始まりません。そのために、次のことをします。

1時間だけ自分の授業を録音してみる。

今はスマホでかんたんに録音できます。

この録音を聞いてみると、最初は45分間の授業を聞き通すことができないに違いありません。15分ぐらいで止めてしまいます。「こんな冷たい声だと思わなかった！」「何を言っているかわからない」「こんなにしゃべっているんだ！」……と愕然とします。自分の授業を聞くというのは、教師にとって一番つらい作業です。私たちは**「一人研究授業」**と言っているのですが、これを続けると必ずひとかどの授業ができるようになります。ここから克服していく手立てが始まります。

---

①指導言（発問・指示・説明）の区別をすること。
②説明の言葉をできるだけ削っていくこと。
③子供たちのアウトプットの時間を確保すること。

---

5 「味噌汁・ご飯」授業の提案

学校・教師の生命線とは何か？

私は、「日常授業」の改善・充実に乗り出さなくてはならないと考えています。

先生たちの忙しさは、もはや「ブラック学校」と言われるほどに周知されるようになりました。また、このコロナ禍で、さらに忙しさは倍加しています。先生たちは、ぼろぼろに疲弊しているのです。

これから、何を頼りに、この状況下を乗り切ればいいのでしょうか。先が見えなくなっています。

私は、次のように考えます。

> まず手をつけることは、「日常授業」の改善！

考えてみてください。学校のほとんどは、5、6時間の授業によって成り立っています。これが、埋草や雑務になっているのです。これではますます疲弊していくのはわかり切っています。子供たちの指導に手ごたえがないのですから。

だから、まずここに手をつけること。「日常授業」が先生たちの**「生命線」**なのです。

人の生命線が、三度の食事で成り立っているように、学校・教師の生命線は、「日常授業」で成り立っているのです。

「味噌汁・ご飯」授業の提案

　私たちは、「味噌汁・ご飯」授業というネーミングで「日常授業」をたとえました。**「味噌汁・ご飯」授業の目的は、次のとおりです。**

---

① **「日常性の追求」**をすること。
② **「基礎的な学力保障」**をすること。
③ **「全員参加」**の授業をすること。

---

　① **「日常性の追求」**とは、多くの時間を要しない、特別な準備などをしなくても進めていける授業をイメージしています。
　私たちは、多くの教材研究の時間を費やして取り組む「ごちそう授業」を否定しているわけではありません。１年に１、２回は徹底的に教材研究をして授業に移していくことは必要です。
　そのことで授業の原理・原則をつかんでいくことができます。しかし、日常はそんなことはできません。できるだけ短時間に授業準備を済ませていく方法が必要です（＊註）。
　② **「基礎的な学力保障」**は、教科書を使った授業です。これで基礎基本を押さえた授業をしようということです。
　③ **「全員参加」**というのは、傍観者をつくらない授業のイメージです。一部の特別な子供だけが、いつも発言するような授業をなくしていくことが大切です。特別な授業をイメージしているわけではありません。70点の授業で良いのです。

＊註：『日々のクラスが豊かになる「味噌汁・ご飯」授業　国語科編／算数科編』（明治図書）を参考にしてください。

「味噌汁・ご飯」授業の実践
～大曲小学校の試み～

学校ぐるみで「味噌汁・ご飯」授業をする

　大きな「試み」がなされました。

　手前味噌的な言い方になってしまって申し訳ないのですが、「味噌汁・ご飯」授業を学校ぐるみで実践した学校のことです。

　北海道北広島市立大曲小学校もまた、混迷する学校の1つでした。この混迷は、どこから問題を克服していいのか、どこから手をつけていけばいいのか、さっぱり見当がつかない状況を生み出していました。問題が多すぎるのです。

　この大曲小学校は、問題克服の最初に行うべきは、「日常授業」の改善・充実であると選び取ったのです。

　その成果は、『学力向上プロジェクト』(北広島市立大曲小学校著、明治図書)によってまとめられています。

　大きな成果がありました。混乱状況に陥っている学校が、何に手をつけるべきかを鮮明にした成果だと、私は理解しています。

大変な困難校であった！

　大曲小学校は、平成24年度から北海道教育委員会の「学校力向上

に関する総合事業」の指定を受けています。

　指定を受けた当初、次のような状態だったと上記の本に書かれています。

　①学力が低い。全国学力調査の結果は、全国でも低い北海道の中で
　　最下層に位置している。

　②全国学力調査の質問紙項目「自分にはよいところがある」への肯
　　定的評価がかなり低い。

　③体位は、ほぼ全国並であるが、肥満率が高く、体力も運動能力も
　　全項目で低い。

　④テレビやゲームに費やす時間も全国ワースト。

　⑤生徒指導上の課題も多く、教職員は対応に追われ、疲れ、自信を
　　失っていた。

　私が最初にこの学校を訪問したとき、校長室で３人の子供が自習を
していました。問題行動が多くて、教室でみんなと一緒に学習できな
い子供でした。また、６年生が高速道路で自転車を走行させ、警察に
補導された事例も聞きました。ほかにも、とんでもない困難校である
事例をさまざまに聞かされました。

　「味噌汁・ご飯」授業が、一体子供たちに受け入れられるのか心配
になる事例でした。それにも増して、疲れている先生たちが「日常授
業」に気持ちを向けられるのか、それがさらに心配でした。

４年間で様変わりをした学校

　４年間の実践が、上に挙げた本によって明らかになっています。

　この取り組みの結果により、どうなったのでしょうか。

　当時の横藤雅人校長は、次のように書かれています。

　「このような取り組みを通じて、本校の『味噌汁・ご飯』授業が徐々
に見えてきたところである。授業に集中できる児童が増え、各種学力
検査の数値もようやく上がり始めた。もっとも問題だった児童の自己

肯定感の数値も上がりつつある。何より教職員が明るくなってきた。保護者アンケートの回収率も上がり、学校への取り組みへの肯定的な評価が増えてきた。まだまだ課題は山積みだが、これからもこの取り組みを継続・発展させたい」

　取り組みを始めて４年目に私が訪れた大曲小学校は、まったく違った学校に様変わりをしていました。廊下を歩くと、子供たちは立ち止まって挨拶をします。集会での子供たちの集中には目を見張るものがありました。すべてが変わっていました。

　学力テストの成績も、全国の平均並になっていました。北海道の最下層の成績が、４年間で、北海道の平均を抜いて、全国の平均に並んできていたのです。

　混迷する学校が、何をすべきかをはっきりと提起している実践だと私は理解しました。

「ごちそう授業」から「味噌汁・ご飯」授業へ

　具体的に、この大曲小学校では、何をしたのでしょうか。

　私は、４つの視点からこの学校の取り組みを見ていました。

> ①研究会方式を研修会方式に転換する。
> ②研修内容を、「ごちそう授業」から「味噌汁・ご飯」授業へと転換する。
> ③校内、公開の研修会を、「ワークショップ型研修」に転換する。
> ④各学年の最低学力保障をきちんと明示する。

　この４つの中で、③の実践をしている学校は数多くあります。しかし、形式だけが先走りして、全員参加の研修にしていくというねらいが失われているところが多いのです。

　①、②、④は、ほとんどの学校が手をつけていない課題ではないで

しょうか。相変わらず、今までのシステムを踏襲している学校が多いのです。その破綻がはっきりしているのに、変えられません。

この学校が、まず「研究」体制を「研修」体制に変更した①の課題は画期的なことです。ほとんどの学校は、研究テーマを決めて、研究仮説を設けて研究をする体制をとるのはもともと不可能だと、私は思っています。

できるのは、ほんの一握りの学校だけです。普通に考えても、１時間か２時間の研究授業で研究テーマの検証などできるはずはないのです。そんなことよりも、先生たち自らが学んでいく研修体制に変えていくことが何より必要です。

目の前の子供たちに、効果のある授業を毎日なしていく、そんな試みに変えていくわけです。

②の「ごちそう授業」から「味噌汁・ご飯」授業への転換は、どのように行われたのでしょうか。

大曲小学校は、４つの視点で取り組みを始めています。

ア　学習規律を確立し徹底させる。
イ　ユニット法で授業を３つに分割する。
ウ　ノートと板書を一体的に展開する。
エ　基礎学力を保障する。

私は、「日常授業」の改善には、まず日常授業そのものの型を変えていく必要があると考えています。

この学校では、ユニット法で授業を３つに分割しました。全教科で取り組みました。その分割の中に、身に付けていく課題を組み込んでいきます。分割することで子供たちの集中に結びつき、基礎学力を保障することにつながっていきます。

7 テンポ良く小刻みに課題を提示
～小刻み学習法の実践～

「味噌汁・ご飯」授業法とは？

　「味噌汁・ご飯」授業を提示しました。

　しかし、どう進めていけばいいのかが問題です。得てして、提起した授業の理念は納得しても、それをどう進めていくのかでつまずいてしまうことは多いのです。進めるべき授業法がないからです。それでは理念倒れになってしまいます。

　それでは、「味噌汁・ご飯」授業の授業法とは何でしょうか。

　帰納的に考えてみます。

　つまり、出てきている「日常授業」の問題点を克服する方法として授業法を設定していく考え方です。

　その問題点は「おしゃべり授業」を克服することです。

「おしゃべり授業」を克服する

　「おしゃべり授業」をしている先生たちが、すぐにその「おしゃべり」をなくしていくことは不可能です。身体に染みついたものですから。

　だから、次のようにしてみます。

> 「おしゃべり」を小刻みに分割する。

　もう少し具体化すると、子供たちにどうしても教えたいことを**「インプット」**したら、すぐに子供たちに**「アウトプット」**させます。

インプット→アウトプット→インプット→アウトプット…

と小刻みに繰り返していくのです。
　また、特定の子供の発言が数多かったり、傍観者が出てくる問題は、挙手発言だけに偏っているから起こる現象です。その授業を次のように変えていきます。

> **全員参加の授業。**

　授業を全員が活動するように変えていきます。
　課題を出したら、ペアで話し合ったり、グループで話し合ったりして、それを発表させます。
　指名する場合もあります。列指名、名前指名、男女別指名などいろいろ考えられます。「先生は、どんどん指名するから、自分の考えを準備しますよ」と言えばいいのです。
　その間に挙手発言を加えていけばいいのです。

小刻み学習法を実践する！

　私たちは、これを**「小刻み学習法」**と名付けています。
　「小刻み学習法」は、基本的には、２つの要素で成り立っています。

①インプットとアウトプットの繰り返し
②全員参加

　ここでもう少しわかりやすく具体化します。
　第5章2で、「日常授業」が学級崩壊を引き起こしていることを取り上げました。その中で、具体的に学級崩壊を引き起こしている授業の要素を次のようにまとめています。
　「教師のおしゃべり」「テンポなし」「空白の時間」「特定の子の活躍」「フォローなし」というものでした。
　これらの問題点を克服するために、課題に立ち向かうとしたらどうしたらいいかと考えるわけです。

〈学級崩壊を起こす授業スタイル〉　〈克服する授業スタイル〉
①教師のおしゃべり　　　　　　⟶　　課題を細分化する
②テンポなし　　　　　　　　　⟶　　小刻みに課題提示
③空白の時間　　　　　　　　　⟶　　時間を区切る
④特定の子の活躍　　　　　　　⟶　　全員参加
⑤フォローなし　　　　　　　　⟶　　必ずフォロー

　私は学校訪問をするときには、ほとんど授業をさせてもらいました。下手な授業ですが、実践していたのは「小刻み学習法」なのです。
　この授業は、子供たちには大変好評を得ました。
　授業は昭和の授業なのです（笑）。私が提示したことを黒板に書いて、それを子供たちは、ノートに写していくというパターンなのです。それでも、子供たちは飽きません。なぜでしょうか？
　それは、授業が次のような展開を中心にしているからです。

> 集中させること。

　インプットとアウトプットを次々と繰り返すのです。子供たちに、空白の時間はありません。ペアで話し合う時間も、15秒、20秒、30秒と区切っていくので、スピード・テンポがあります。

　子供たちはスピードに、ゲームで慣れていますので、快適なはずです。そして、子供たちの発言に対しては必ずフォローをします。SWIM話法です。

インプットとアウトプットを繰り返す！

　「小刻み学習法」は、インプットとアウトプットの繰り返しと書きました。インプットとアウトプットは、以下のように考えています。

　インプットとは、脳の中に情報や知識を入れること。入力のこと。聞く、覚える、熟読するなど。

　アウトプットとは、脳の中に入ってきた情報や知識を脳の中で処理し、外界に「出力」すること。書く、音読する、発表する、復唱する、教える、ペアで相談する、グループで相談するなど。

　このようなインプットとアウトプットを繰り返し行っていくことで、子供が集中力を切らさずに授業に取り組めるのです。

8 「味噌汁・ご飯」授業で低学力児を引き上げる!

大変なクラスを担任する!

「味噌汁・ご飯」授業を実践する先生方が増えています。

「味噌汁・ご飯」授業を通して、実践を進めているM先生のクラスの状況を紹介しましょう。

このM先生は、新しい学校へ異動して4年生の担任になりました。3年生のとき、4クラス中3クラスが学級崩壊になっていて、受け持ったクラスも大変でした。

特別支援対象になっている子供（自閉症、ADHDなどの子供）が、33人中13人いました。

M先生は、覚悟を決めて「味噌汁・ご飯」授業に取り組んでいます。

共同研究で「算数学力向上メソッド」を実践

私とM先生とは、算数の共同研究を始めていました。

この研究は、「算数学力向上メソッド」（*註）を使って進めていくものです。もちろん、算数の授業は、「味噌汁・ご飯」授業になるのですが、授業の進め方が少し違っています。

授業の最初の5分間に復習テスト（昨日の授業の練習問題）をして、

その授業が終わったら宿題を出します。授業─宿題─復習テストというシステムを繰り返していく実践です。

この研究の目標は、2つ。

1つ目は、クラスにいる低学力児の学力を引き上げていくこと。

テストでいつも10点、20点、30点を取っている子供を、60点、70点、80点に引き上げることです。

2つ目は、学級の平均点を90点以上にすること。

この2つの目標の達成を通して、子供たちが「算数の勉強は楽しいなあ」「勉強に自信がついてきた！」と言えるようにしていくことが目的です。

その目標のターゲットを「テストの点数」におき、それを引き上げることに的を絞りました。

子供たちは、どんなに授業でがんばっているとほめられても、テストの点数が悪かったら、意欲が出てきません。だから、まず「点数」を上げるという**「事実」**をつくって、それをほめたたえていく実践なのです。

「味噌汁・ご飯」授業の実践開始！

M先生のクラスでの算数第1単元「大きな数」の単元テストは次のようになりました（平成18年の実践、教科書は教育出版）。

・技能……40／50点

・数学的考え方……38／50点

・知識・理解……40／50点

低学力児の点数は、次のようになっています。

子供1……45／100点

子供2……30／100点

子供3……45／100点

もうすでに、「味噌汁・ご飯」授業の実践は始まっているのです。

子供たちはがんばっています。

低学力児を引き上げている！

　第1単元から第4単元まで終わって、子供たちは「味噌汁・ご飯」授業に慣れてきています。1学期が終わろうとしています。

　そして、第5単元「わり算の筆算2」のテスト結果。

　クラスの平均です。

技能……47／50点
数学的考え方……48／50点
知識・理解……44／50点

最低点をとっていた3人の動向はどうなっているのでしょうか。

子供1……85点（最初は45点でした）
子供2……70点（最初は30点でした）
子供3……85点（最初は45点でした）

見事な伸びを示しています。

クラスの最低点も70点になっています。これも見事です。

低学力児をきちんと引き上げているのです。

M先生は、この共同研究の実践の結果を次のように書かれています。

　「①4月と比べて、最近では、子供たち一人一人が、正しい型を覚えてから、応用や自分の解き方ができるようになることに気が付いてきたので、9月以降の子供たちの学力の向上は、より期待できると思っています。

　②他の3クラスとの比較で言えば、それぞれの観点で5〜10ポイントほど高いことが情報交換でわかります。**これは低学力児が中位に、中位の児童が上位になってきている結果です**」

子供が「算数が面白い！」と言っています！

こういう結果を示すと「点数だけが問題ではない」「問題はいかに子供たちに思考力をつけるかなのだ！」と言う先生たちが必ずいます。

そうした先生方は、授業を通して、どのようにして子供たちに算数に対する意欲や自信をつけさせているのでしょうか。M先生は、共同研究の結果報告の中で、次のように結んでおられました。

「7月の個人面談で半数以上のご家庭から『算数の授業が面白いと言っています』と言っていただけました。また、低学力児の保護者からは『勉強に自信がついてきたので、とても毎日生き生きしている』と報告を受けました。そしてたくさんの感謝の言葉をかけていただきました。学習ができる・わかるというのは、子どもたちの自信につながり、それが学級経営上かなりのプラスになります。昨今では、学級崩壊が珍しくない時代ですが、こういった試みが、それらの処方箋になってくるのかなと考えられます。今回の取り組みは、システム化されていたので、ベテラン・若手を問わずに取り組むことができ、特に技術が乏しい若手にはとても有効なやり方になると思いました」

むずかしく、高度な実践をしたわけではないのです。

教科書を使って、いつもどおりの「味噌汁・ご飯」授業をしてきたのです。**毎日の「日常授業」を変えると、このように子供たちは変わってきます。**それが結果的には、学級崩壊を克服していく手立てになっています。

特別支援の対象になっている子供たちが13人もいたクラスでも、このようによみがえってくるのです。

＊註：このメソッドに興味がある方は、野中のブログをネットで探し、コメント（非公開）してください。

学級変貌論ノート⑤
子供たちの変貌⑵

❗ 快・不快の価値観は消費行動で身に付けている

第4章末のコラムで、消費行動によって、人間関係が変わってきたことを書きました。このことが、子供たちの行動を変えていきました。

この消費社会では、ほしいものがあれば、お金さえあればいつでも購入できます。そこにコンビニがあり、24時間開いているのです。

食べたいと思ったら、すぐに食べられるし、マンガを読みたければすぐに買って読むことができます。また、情報化社会ですので、見たい、知りたいことがあったら、すぐにネットで手に入れることができます。

だから、**消費活動に慣れ親しんでいる子供ほど、すぐに自分の欲求を満足させる行動をとることになります。「すぐに」というのがポイントです。〈快・不快〉の価値観は、こういう消費行動で身に付いていったのです。**

一方、学校へ行けば、さまざまな規制があり、自分の思いどおりになりません。学校の学習内容は、自分の好みで選ぶことはできません。

さらに、その勉強もすぐに結果が出ることはなく、「我慢して」「一生懸命取り組む」ことが強いられます。消費行動が染みついた子供ほど、学校になじめず、違和感と苦痛を感じるようになるのはわかりきっています。

このような子供たちの中から、損か得か、褒美か罰かという「今だけの〈快・不快〉の感覚」でしか動かない子供が出てきます。勉強をしよ

うという気持ちがないのです。もはや「未教育の動物的な子」のような状況を示していきます。こんな中では、担任は、何か動物を調教しているような感覚に襲われてしまいます。

❗ 大人—子供の上下関係ができあがっていた！

　以前の学校（3、40年前の学校）では、子供たちは、学校は我慢して勉強に取り組むのが当たり前のこととして受け取っていたのです。

　〈子供〉は、〈大人〉との関係において、常に下に見られる存在でした。大人—子供の上下の関係がきちんとできあがっていました。社会全体が、そのような位置を子供に与えていたと言っていいのです。

　この頃の親は、朝、家を出るときに子供にかける言葉がありました。

　「学校では先生の言うことをちゃんと聞くんだよ！」

　その言葉に送られて、子供は学校へ向かいました。学校は、その言葉を背負って教育をしていたのです。

　だから、子供たちの問題は、先生の言うことを聞かない子供の問題であり、子供は親から「先生の言うことを聞かないおまえが悪い！」と叱られたわけです。

　この時代、学校は安定していました。この頃、高学年は「安定期」の段階ととらえられ、誰が担任をしてもやっていけるほどに安定していました。しかし、この状況は一変していきます。

❗ 学校も存在役割を問われている

　子供が、家庭の中で大きな**「位置転換」**を図っていくわけです。

　子供が大人との関係で下の位置にいるのではなく、大人と対等になっていきました。

　子供たちは、「消費の主人公」としての位置を企業から与えられ、社会の表舞台に登場することになります。

1980年代になり、ファミコンなどのテレビゲームが生み出されました。家庭では、親と子が争ってゲームに興じる場面が出てきます。高額のテレビゲームが飛ぶように売れていく時代になりました。

　完全に、子供たちは、消費社会の中で、〈主人公〉としての位置を獲得していくのです。この頃から子供は、家庭での位置も転換していきます。

　これまでの、家の手伝いをする「共同生活者」から、良い高校、良い大学へと進んでいく「学歴取得者」への転換です。

　「家の手伝いはいいから、おまえは勉強だけやっていればいいから」と親に言われるように変わっていきました。

　しかし、現実には、家庭環境の格差はあり、どの子も良い学歴が取得できるわけではありません。

　子供の、家庭での位置の転換は、学校へも大きな影響を与えます。

　家庭での主人公となった子供は、自分が「何者であるか」という認識を家庭で育てられています。

　それは、自分は「オレ様」「王子様、王女様」であるということです。だから、教師も、「ただの大人」としてしか考えてません。

　しかし、学校は、その子供たちを、40人の中の1人として扱います。当然、不満を覚えます。

　学級は、集団のルールをきちんと守って生活していくところです。当然、そのあり方になじめる子供となじめない子供が出てきます。なじめない子供は、「生徒しない」行動を取っていくことになっていきます。

　消費社会は、子供たちを家庭での主人公としての位置に押し上げました。

　学校は、その余波をまともに受けて、さまざまな不具合をきたしているのです。学校もまた、そうした子供たちに何ができるのか、その存在の役割から改めて考え直すことが迫られていると言えるでしょう。

おわりに

　算数の共同研究（第５章８）を行ったＭ先生から連絡がありました。発達障害のＮ君のことです。Ｍ先生は、そのＮ君を４年生と５年生の２年間受け持っています。

　４年生のときの引き継ぎでは、「何もできない子」という話でした。図工もできない、音読もできない、漢字も書けない、算数もできないという状態。３年生のときは、給食の配膳台の下にこもって過ごすことが多かった、と。

　ここからの出発でした。

　まず、Ｍ先生は、Ｎ君のマインドを改革しようと関わりを取り組み始めました。

　私との共同研究で進めている「算数学力向上メソッド」を使い、算数を得意にすることで何とかしようという試みです。Ｍ先生には、うまくいくはずだという期待がありました。

　Ｎ君は、とても理解が遅いのですが、算数のテストが60点、70点と上がっていくにつれて、それが自信になり、ほかでも変化が起きています。図工の製作が１人でできるようになり、国語で発表したりするようにもなりました。

　５年生になると、さまざまなことにも大変意欲的になりました。委員会では、副委員長に立候補して、その仕事を務めました。６年生では、委員長になりたいと口にするまでになったのです。友だちも増え、みんながＮ君のことを気にかけます。３年生のときには、バカにされ、いじめられていたのが様変わりしています。

　Ｎ君は今では算数テストで90点、100点をいつもとるようになっています。算数だけはものすごい自信をもっているのだとＭ先生は報告されています。

　発達障害の子供でも、１つのことに自信を持てたら、このように成

長していくものなのです。

「はじめに」のところで、現在の多くの先生たちが、仕事への「手ごたえ」をなくしていこうとしていると書きました。

しかし、M先生は、はっきりとこの「手ごたえ」を持っています。クラスの子供たちと親たちからの圧倒的な信頼と支持を得ています。それはM先生が、学級経営の手腕をみごとに発揮し、仕事の中心に確実な「学力保障」（点数を上げる）という「事実」をつくりあげているからです。それが信頼と支持を集めています。

これから学校現場では、さらに「学級崩壊」が増えることを想定しなくてはならないでしょう。さらに困難校も増えていきます。そんな中で、何をしなくてはならないかをM先生は、はっきり指し示しているのではないでしょうか。

学校現場は、子供たちと親たちの支持なくしては、成立しなくなっているのですから。

江戸の儒学者である佐藤一斎は、次のように言っています。

「長い人生のうちには、暗い夜道を歩くようなこともあるが、一つの提灯を掲げていけば、いかに暗くとも心配することはない。その一灯を信じて歩め」（『言志四緑』佐藤一斎著、 PHP研究所）と。

困難な現場では、絶望的な気持ちになります。投げ出したくなります。それでも、一斎は、はっきりと一灯（手ごたえ）を信じて歩めと励ましています。

本書も、前著『新卒時代を乗り切る！ 教師１年目の教科書』と同じように編集の河野史香さんにお世話になりました。河野さんの編集力がなければ、この本は成立しませんでした。ありがとうございました。

2021年６月

野中 信行

著者紹介

野中 信行 （のなか・のぶゆき）

元横浜市小学校教諭。初任者指導アドバイザー。
1971年佐賀大学教育学部卒業後、横浜市で37年間教師生活をおくる。
2008年定年退職。退職後、3年間初任者指導にあたる。
現在は、各地の教育委員会と連携して初任者指導などを担当している。

著書
○新卒教師シリーズとして、
　『新卒教師時代を生き抜く心得術60』（明治図書）
　『新卒教師時代を生き抜く学級づくり3原則』（明治図書）
　『新卒教師時代を生き抜く初任者1ヶ月の成功シナリオ』（明治図書）
　『新卒教師時代を生き抜く365日の戦略　担任ビギナーズの
　　学級づくり・授業づくり（小学1年～6年）』（明治図書）
　『新卒時代を乗り切る！　教師1年目の教科書』（学陽書房）など

○学級経営シリーズとして、
　『学級経営力を高める3・7・30の法則』（学事出版）
　『必ずクラスを立て直す教師の回復術！』（学陽書房）など

○「味噌汁・ご飯」授業シリーズとして、
　『日々のクラスが豊かになる「味噌汁・ご飯」授業　国語科／算数科編』
　（明治図書）など

○明日の教室DVDシリーズとして、
　第56弾『困難な現場を生き抜くために』（有限会社カヤ）
　　※第2、9、18、30弾もある

困難な現場を生き抜く！
やんちゃな子がいるクラスのまとめかた

2021年7月15日　初版発行
2021年9月2日　3刷発行

著　者───野中　信行
発行者───佐久間重嘉
発行所───学 陽 書 房
　　　　　〒102-0072　東京都千代田区飯田橋1-9-3
営業部──── TEL 03-3261-1111／FAX 03-5211-3300
編集部──── TEL 03-3261-1112
　　　　　http://www.gakuyo.co.jp/

ブックデザイン／スタジオダンク
カバーイラスト／尾代ゆうこ
本文DTP制作・印刷／精文堂印刷
製本／東京美術紙工

マンガでわかる！
はじめての担任　お仕事BOOK

こちゃ【著】・野中信行【監修】

A5判並製　128頁　定価　1870円（10%税込）

春休みに何をしておくといいのか、新学期最初の1週間はどうしたらいいのか。子どもへの対応から授業づくりまで、これだけは最低押さえておくと仕事についていける！　という必須の情報をマンガでわかりやすく紹介！

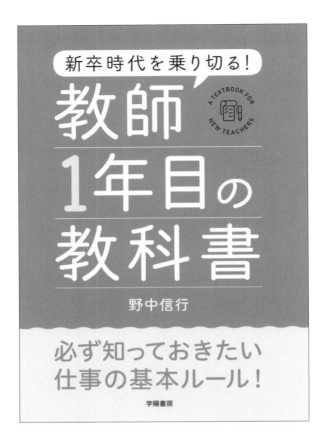

新卒時代を乗り切る！
教師1年目の教科書

野中信行［著］

A5判 並製　128頁　定価 1760円（10%税込）

この本を読めば、学級経営や子どもとの付き合い方など、教師の仕事内容がよくわかる！　初任者でもできる授業づくりのコツなど、1年目に必ず知っておきたい情報が満載！